T0209481

essentials liefern aktuelles Wissen in konzentrierter Form. Die Essenz dessen, worauf es als „State-of-the-Art" in der gegenwärtigen Fachdiskussion oder in der Praxis ankommt. *essentials* informieren schnell, unkompliziert und verständlich

- als Einführung in ein aktuelles Thema aus Ihrem Fachgebiet
- als Einstieg in ein für Sie noch unbekanntes Themenfeld
- als Einblick, um zum Thema mitreden zu können

Die Bücher in elektronischer und gedruckter Form bringen das Fachwissen von Springerautor*innen kompakt zur Darstellung. Sie sind besonders für die Nutzung als eBook auf Tablet-PCs, eBook-Readern und Smartphones geeignet. *essentials* sind Wissensbausteine aus den Wirtschafts-, Sozial- und Geisteswissenschaften, aus Technik und Naturwissenschaften sowie aus Medizin, Psychologie und Gesundheitsberufen. Von renommierten Autor*innen aller Springer-Verlagsmarken.

Weitere Bände in der Reihe https://link.springer.com/bookseries/13088

Marc Haarmeier

Künstliche Intelligenz für den Mittelstand

Erfolgreiche Einführung und Nutzung von KI-Anwendungen in Unternehmen

Marc Haarmeier
Siegertsbrunn, Deutschland

ISSN 2197-6708 ISSN 2197-6716 (electronic)
essentials
ISBN 978-3-658-36084-9 ISBN 978-3-658-36085-6 (eBook)
https://doi.org/10.1007/978-3-658-36085-6

Die Deutsche Nationalbibliothek verzeichnet diese Publikation in der Deutschen Nationalbibliografie; detaillierte bibliografische Daten sind im Internet über http://dnb.d-nb.de abrufbar.

Planung/Lektorat: Christine Sheppard
Springer Gabler ist ein Imprint der eingetragenen Gesellschaft Springer Fachmedien Wiesbaden GmbH und ist ein Teil von Springer Nature.
Die Anschrift der Gesellschaft ist: Abraham-Lincoln-Str. 46, 65189 Wiesbaden, Germany

Was Sie in diesem *essential* finden können

- Ein auf mittelständische Unternehmen abgestimmtes Vorgehensmodell zur Einführung von KI-Anwendungen
- Vorteile des Mittelstandes bei der Einführung von KI
- Anwendungsfälle für KI-Lösungen in Logistik, Produktion, Einkauf und Beschaffung, Personalwesen, Unternehmensinfrastruktur, Service und Kundenmanagement, Forschung und Entwicklung, Marketing und Vertrieb, Qualitätskontrolle und -sicherung
- Auswahloptionen für den Einsatz von Machine Learning as a Service (MLaaS) Plattformen
- Eine Übersicht über KI-Kooperationspartner aus Forschung und Lehre in Deutschland, Österreich und der Schweiz
- Standortbestimmung durch ein Reifegradmodell für Organisationen im Hinblick auf die Einführung und Nutzung von Lösungen der KI
- Einen Ausblick auf folgende Entwicklungen im Bereich der Künstlichen Intelligenz

Inhaltsverzeichnis

Abbildungsverzeichnis

Tabellenverzeichnis

Einleitung

Die Künstliche Intelligenz (KI) wird unser aller Leben weiter verändern und sie tut das schon, wie zahlreiche Beispiele zeigen.

Künstliche Intelligenz wird mehr Einfluss auf die Menschheit haben als die Erfindung des Computers [47].

Wenn heute über KI gesprochen wird, hat man oft den Eindruck, dass die negativen Aspekte dieser neuen Technologie in der öffentlichen Diskussion überwiegen und in sehr naher Zukunft die Maschinen die Herrschaft übernehmen werden. In diesem Buch werden realistische Einsatzszenarien für KI-Anwendungen aufgezeigt und ein Ausblick auf die zukünftige Entwicklung gegeben.

Praktisch alle dramatischen Fortschritte der jüngsten Zeit und die Auswirkungen der KI in der heutigen Welt werden durch datengesteuertes maschinelles Lernen vorangetrieben. Die maschinelle Intelligenz wird weitere Fortschritte machen, da moderne Formen des tiefen und verstärkenden Lernens sowie der kausalen Inferenz an Zugkraft gewinnen [94].

Ein besonderer Schwerpunkt ist der Einsatz der KI in kleinen und mittelständischen Unternehmen (KMU). Sie stehen vor der Herausforderung, dass sie in der Regel keine hochspezialisierten Teams zu diesem Thema aufbauen können, die Technologie allerdings dennoch verstehen müssen, um sie sinnvoll einzusetzen. Was für die Digitalisierung im Allgemeinen stimmt, gilt für die KI im Besonderen. Die Auswirkungen werden kurzfristig überschätzt, aber langfristig unterschätzt [83].

Passender als der Begriff „Künstliche Intelligenz" ist die Bezeichnung der lernenden Systeme. Sie nutzen Verfahren und Technologien der Künstlichen Intelligenz und treiben die Digitalisierung voran. Lernende Systeme bearbeiten ihnen gestellte Aufgaben eigenständig und nutzen die ihnen zur Verfügung stehenden

© Der/die Autor(en), exklusiv lizenziert durch Springer Fachmedien Wiesbaden GmbH, ein Teil von Springer Nature 2021
M. Haarmeier, *Künstliche Intelligenz für den Mittelstund,* essentials,
https://doi.org/10.1007/978-3-658-36085-6_1

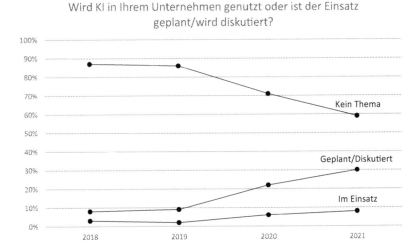

Abb. 1.1   KI-Einsatz geplant/diskutiert [9]

Daten. Der entscheidende Unterschied zu klassischen Softwaresystemen besteht darin, dass der Lösungsweg vorher nicht fest programmiert wurde [96].

Die Diskussion über KI gewinnt deutlich an Fahrt und es setzt sich die Erkenntnis durch, dass KI eine der wichtigsten Zukunftstechnologien für die Wirtschaft in Deutschland ist. Während der Einsatz von KI-Lösungen sich auf niedrigem Niveau im Zeitraum von 2019 bis 2021 von 2 % auf 8 % verdreifacht hat, planen und diskutieren mittlerweile schon 30 % der Unternehmen einen möglichen Einsatz im Vergleich zu 9 % im Jahr 2019 [9] (Abb. 1.1).

In einigen Märkten werden sich die Innovationen eher linear und inkrementell weiterentwickeln, es gibt aber auch Märkte, die in den nächsten fünf bis zehn Jahren fundamental anders aussehen werden. Das wird z. B. in der Radiologie, bei den Übersetzungsdienstleistungen und dem autonomen Fahren sichtbar werden.

Im Rahmen dieses Buches geht es konkret darum, Lösungen der KI einzusetzen, um Verfahren und Prozesse weiter zu optimieren. Die KI ist im Rahmen der technischen Entwicklung ein weiterer Schritt zur Automatisierung. KI ist die Wissenschaft, die Computer und Maschinen Aktionen lehrt, die noch nicht vom Computer ausgeführt werden können und in denen die Menschen derzeit besser sind [91].

Für die Märkte, die sich fundamental ändern, stellen sich die folgenden Fragen sowohl auf der Ebene der Betriebe und Organisationen als auch gesellschaftlich.

Wie nehmen wir bei den anstehenden großen Veränderungen alle Beteiligten mit und wie können wir davon profitieren? Wie halten wir die Gesellschaft zusammen und wie entwickeln wir unsere Unternehmen weiter, damit wir mit ihnen auch in Zukunft die wirtschaftlichen Grundlagen für unser Zusammenleben schaffen?

Da die Unternehmen, die dem Mittelstand zugerechnet werden, einen Großteil des Bruttosozialproduktes in Deutschland generieren, fokussieren wir uns in diesem Buch auf die mittelständischen Unternehmen.

Diese Unternehmensgruppe ist zwar deutlich weniger in der öffentlichen Diskussion sichtbar, sie entscheidet aber in ganz erheblichem Maße über unseren zukünftigen wirtschaftlichen Erfolg als Volkswirtschaft.

Mittelständische Unternehmen haben im Hinblick auf die Digitalisierung viele Vorteile gegenüber größeren Unternehmen. Diese gilt es bewusst zu nutzen, um die vorhandenen Nachteile zu kompensieren und in Summe reale Wettbewerbsvorteile zu realisieren. Künstliche Intelligenz ist das große Zukunftsthema in den gegenwärtigen Diskussionen über Innovationskraft und Wettbewerbsfähigkeit der Wirtschaft und sogar vieler gesellschaftspolitischer Themen [39].

Definition Mittelstand

Für die Abgrenzung des Mittelstandes von anderen Unternehmensformen orientieren wir uns an der Definition des Instituts für Mittelstandsforschung Bonn, wonach mittelständische Unternehmen durch folgende Merkmale geprägt sind [54]:

- Die UnternehmerInnen üben einen maßgeblichen persönlichen Einfluss aus
- Sie tragen das unternehmerische Risiko
- Das Unternehmen sichert ihre persönliche Erwerbs- und Existenzgrundlage

Wir bevorzugen hier bewusst die qualitative Definition, die sich von den wichtigsten Merkmalen (Geschäftsführung, Eigentumsverhältnisse, wirtschaftliche Unabhängigkeit) ableitet. Die quantitative Definition [62] für kleine und mittelständische Unternehmen berücksichtigt zwar Größen wie z. B. Anzahl der Mitarbeiter, Umsatz und Bilanzsumme, lässt aber die Rolle der UnternehmerInnen unberücksichtigt.

© Der/die Autor(en), exklusiv lizenziert durch Springer Fachmedien
Wiesbaden GmbH, ein Teil von Springer Nature 2021
M. Haarmeier, *Künstliche Intelligenz für den Mittelstund,* essentials,
https://doi.org/10.1007/978-3-658-36085-6_2

Plakativ könnte man auch von Unternehmer-Unternehmen sprechen, bei denen der Eigentümer entweder auch die Geschäftsführung innehat oder die Gesellschafterrolle eines managementgeführten Unternehmens wahrnimmt. Die hohe Relevanz des Mittelstandes für die Wirtschaft in Deutschland lässt sich aus den folgenden Eckdaten ablesen, die von KFW Research veröffentlicht wurden [59]:

- 32,3 Mio. erwerbstätige Personen waren 2019 in mittelständischen Unternehmen beschäftigt, das sind 71,3 % aller Erwerbstätigen.
- 800.000 mittelständische Unternehmen sind international aktiv, das sind ca. 20 % der kleinen und mittelständischen Unternehmen (KMU), die mit 595 Mrd. € rund 45 % der Exporte in Deutschland erwirtschaften.
- Bei der Internationalisierung ist das Verarbeitende und FuE-intensive Gewerbe mit 37 % führend. Europa ist für die meisten KMU die wichtigste Region für ihre Auslandsaktivitäten. Exportorientierte Unternehmen erwirtschaften ca. 28 % ihres Umsatzes im Ausland.

Stand der Digitalisierung im Mittelstand

Es gibt heute kaum ein Großunternehmen, das sich nicht bereits mit KI in einem der möglichen Anwendungsgebiete auseinandersetzt oder KI-Lösungen bereits eingeführt hat, um neue Produkte und Dienstleistungen anzubieten, die Zusammenarbeit mit den Kunden zu optimieren oder intern in den verschiedenen Unternehmensbereichen die Abläufe und Vorgehensweisen zu verbessern oder neu zu gestalten.

Im Mittelstand ist das aktuelle Bild etwas anders, wie eine aktuelle Untersuchung von KFW Research zeigt. Jedes dritte mittelständische Unternehmen hat bis Januar 2021seine Vorhaben zur Digitalisierung verstärkt (33 %), während nach wie vor bei einem Drittel keine Digitalisierungsvorhaben durchgeführt werden [59].

Während größere Unternehmen und Konzerne auf dem digitalen Vormarsch sind, wird die Digitalisierung für kleine und mittelständische Unternehmen zu einer finanziellen Herausforderung führen [8]. Auch der Mangel an ausgebildeten Fachkräften in den für die KI relevanten Wissensbereichen hemmt den Einstieg.

Die Verbreitung von Anwendungen der Künstlichen Intelligenz erfolgt aktuell bei Mittelständlern auf dem sehr niedrigen Niveau von 4 %. Wer die Chancen der Digitalisierung erkannt hat, beschäftigt sich auch in weit höherem Maße mit KI [99]:

- 12 % der Unternehmen haben jährliche Digitalisierungsausgaben von 15.000 € und mehr
- 13 % der Unternehmen haben eine Digitalisierungsstrategie definiert
- 20 % der Befragten betreiben aktive Forschung und Entwicklung

Die Optimierung von Prozessen und die bessere Nutzung von Daten sowie die damit einhergehenden Einsparpotenziale werden primär mit der Einführung von KI-Lösungen im Mittelstand angestrebt. Darüber hinaus ist die Entwicklung von neuen Geschäftsmodellen geplant. Das ist das Ergebnis einer Umfrage von Deloitte im 4. Quartal 2020 über die mögliche Nutzung von KI [75] (Abb. 2.1).

Viele mittelständische UnternehmerInnen-Unternehmen weisen eine Reihe von Merkmalen auf, die für die schnelle Adaption von neuen Technologien sehr hilfreich sind. Die im Vergleich zu Großunternehmen schnelleren Entscheidungsprozesse und die kurzen Lern- und Rückkopplungszyklen sind eine wichtige Voraussetzung, um die technische Lösung, die funktionalen Prozesse und die

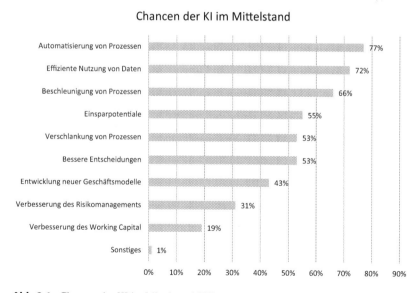

Abb. 2.1 Chancen der KI im Mittelstand [75]

Organisation aufeinander abzustimmen, sodass der höchstmögliche Mehrwert generiert werden kann. Die Vorbildfunktion und die Fähigkeit der UnternehmerInnen, alle Beteiligten in diesem Prozess mitzunehmen und Bedenken und Ängste abzubauen, ist ein weiterer großer Pluspunkt.

Die größte Herausforderung, noch vor den kleineren Budgets, ist der Zugang zu dem notwendigen Know-how. Der Fokus in den IT-Abteilungen liegt in der Regel auf dem Betrieb der aktuellen Systeme und weniger auf der Erprobung von Innovationen. Das Wissen um die Möglichkeiten der KI gilt es in den Fachabteilungen aufzubauen, um den Einsatz von hier voranzutreiben.

Aktuelle Relevanz

Warum ist es jetzt wichtig, sich mit den Gebieten der Künstlichen Intelligenz zu beschäftigen? Die Ideen bezüglich einer Künstlichen Intelligenz sind nicht neu und in den letzten Jahrzehnten immer wieder aufgetaucht. Als Geburtsstunde der KI als akademische Forschungsrichtung wird oft das Jahr 1956 genannt [38]. Die Idee, dass sich menschliches Denken, ähnlich der menschlichen Muskelkraft, durch Maschinen ersetzen lässt, ist schon viel älter. Um die aktuelle Relevanz zu verstehen, ist es hilfreich, die Entwicklungen der KI zu betrachten.

Der wichtigste Aspekt bei der Entwicklung der KI sind die großen Fortschritte des maschinellen Lernens in den letzten zehn Jahren. Die folgenden drei Entwicklungsschritte zeigen sehr anschaulich, welche Fortschritte bei der KI in den letzten 50 Jahren gemacht wurden [19].

Die erste Welle hat in den 1960er Jahren begonnen und in den 1970er und 1980er Jahren zu Anwendungen geführt, die die Entscheidungsfähigkeit automatisiert haben. Das Wissen von Experten wurde manuell in Datenbanken übertragen und in Entscheidungsbäumen abgebildet. Solche Expertensysteme sind darauf ausgelegt, komplexe Probleme durch Schlussfolgerungen über Wissen zu lösen. Der Vorteil dieser Systeme ist z. B. die eindeutige Nachvollziehbarkeit von Entscheidungen. Lösungen auf dieser Basis sind nach wie vor in vielen Bereichen im Einsatz wie z. B. bei einige Chatbots, schachspielende Programme, Ampelsteuerungen oder bei Optimierungssoftware für die Logistik [19].

Die zweite Welle hat in den 1980er Jahren damit begonnen, dass das Wissen nicht mehr manuell übertragen werden musste, sondern die Systeme begonnen haben zu lernen. Wobei wir diese Form des Lernens als „shallow machine learning" bezeichnen in Abgrenzung vom „deep machine learning". Es war nicht mehr notwendig, präzise und exakte Regeln vorzugeben, die noch für die Systeme der ersten Generation genutzt wurden. Vielmehr basieren sie auf statistischen

Modellen oder einfachen neuronalen Netzen und lernen oder optimieren dann automatisch die Parameter der Maschine anhand der Trainingsdaten, damit sie mit Unsicherheit umgehen und gut von einer Bedingung zur anderen und von einer Domäne zur anderen verallgemeinern können. Erfolgreiche Beispiele sind fast alle KI-Anwendungen der ersten Generation in der maschinellen Wahrnehmung wie z. B. Spracherkennung, Gesichtserkennung, visuelle Objekterkennung, Handschrifterkennung und die ersten Versionen der maschinellen Übersetzungen [19].

Die dritte und aktuelle Welle, die vor ca. zehn Jahren begann, ist getrieben von den großen Fortschritten beim maschinellen Lernen. Die Lernalgorithmen wurden so weiterentwickelt, dass sie tiefe, geschichtete Modellstrukturen verarbeiten konnten (Deep Learning). Hierzu kommen neuronale Netzwerke zum Einsatz. Das Erkennen von Sprache war eine der ersten Anwendungen, die hiervon profitiert hat. Alle großen kommerziellen Spracherkennungssysteme basieren auf Deep-Learning-Methoden. Zwei weitere wichtige KI-Anwendungsbereiche – Bildverarbeitung und maschinelle Übersetzung – wurden von einem ähnlichen Deep-Learning-Paradigma auf ein neues Level gehoben. Die Nutzung tiefer neuronaler Netze ist heute oft die beste Methode für eine Vielzahl von Machine-Learning- und KI-Aufgaben, bei denen große Datensätze zur Verfügung stehen [19].

Abgesehen von ihren großen empirischen Erfolgen sind Modelle des Deep Learning auf der Grundlage neuronaler Netze oft einfacher und leichter zu entwerfen als die traditionellen Machine-Learning-Modelle, die in der KI der zweiten Generation entwickelt wurden. In vielen Anwendungen wird Deep Learning gleichzeitig für alle Teile des Modells durchgeführt, von der Merkmalsextraktion bis hin zur Vorhersage, in einer End-to-End-Weise. Ein weiterer Faktor, der zur Einfachheit von neuronalen Netzwerkmodellen beiträgt, ist, dass die gleichen Modellbausteine (d. h. die verschiedenen Arten von Schichten) im Allgemeinen in vielen verschiedenen Anwendungen verwendet werden. Die Verwendung der gleichen Bausteine für eine Vielzahl von Aufgaben in einheitlicher Weise macht die Anpassung von Modellen, die für eine Aufgabe oder Daten wiederverwendet werden, an eine andere Aufgabe oder Daten relativ einfach. Darüber hinaus wurden Software-Toolkits entwickelt, die eine schnellere und effizientere Implementierung dieser Modelle ermöglichen. Aus diesen Gründen sind tiefe neuronale Netze heute eine sehr gute Wahl für eine Vielzahl von Machine-Learning- und KI-Aufgaben über große Datensätze [19].

Neben den führenden IT-Plattform-Unternehmen (Microsoft, IBM, Amazon, Apple, Alibaba, Facebook, Google u. a.), die weiter die Integration von KI-Lösungen in ihre Produkte und Dienstleistungen vorantreiben, gibt es auch in

Europa und in Deutschland zahlreiche Unternehmen, die innovative auf KI-basierende Lösungen entwickeln. Allein im KI-Bundesverband sind über 350 Unternehmen organisiert [60].

KI ist in vielen Branchen eine der wichtigsten, wenn nicht sogar die wichtigste Zukunftstechnologie, dies zeigt auch ein Blick auf den Maschinenbau.

Im Maschinen- und Anlagenbau haben immer mehr Unternehmen die Chancen von KI-Lösungen erkannt, sie setzen auf die Weiterentwicklung ihrer Produkte und reichern sie mit datenbasierten Mehrwerten an. Statt auf reinen internen Know-how-Aufbau zu setzen, arbeiten sie, um Zeit und Know-how zu gewinnen, oft mit jungen auf KI-fokussierten Partnern zusammen. Der VDMA hat zusammen mit delphai 825 Start-ups in 46 Ländern identifiziert, die für diese Branche KI-Lösungen anbieten. Anders als bei Consumer KI ist hier Europa mit 42 % führend vor Nordamerika mit 33 % und Asien mit 24 % [87].

Es steht außer Frage, dass KI das Potenzial hat, ein wichtiger Treiber für wirtschaftliches Wachstum zu sein [72].

Einige Untersuchungen gehen davon aus, dass in den entwickelten Ländern die Arbeitsproduktivität um 40 % gesteigert werden kann [98], KI ist ein wichtiger Treiber für die Automatisierung in den Anwendungsbereichen Advanced Analytics und Machine Learning. Appanion hat über 1.000 KI-Anwendungsfälle analysiert und gelangt zu dem Ergebnis, dass bereits 2021 bei ca. 221 Mrd. € Umsatz KI-Lösungen involviert sind, wobei allein ca. 20 % auf die Automobilproduktion entfallen [13].

Auch in der Forschung zeigen die einschlägigen Kennzahlen zur Relevanz von KI eindeutig nach oben und verzeichnen teilweise ein starkes Wachstum in den letzten Jahren [16]:

- Die Anzahl der KI-Journal-Publikationen wuchs von 2019 bis 2020 um 34,5 % – ein deutlich höheres prozentuales Wachstum als von 2018 auf 2019 (19,6 %), im Vergleich zum Jahr 2000 sind die KI-Publikationen sogar um das 5,4fache gestiegen.
- Als Reaktion auf die COVID-19-Pandemie fanden die meisten großen KI-Konferenzen virtuell statt und verzeichneten dadurch einen signifikanten Anstieg der Teilnehmerzahlen.
- Allein in den letzten sechs Jahren hat sich die Zahl der KI-bezogenen Publikationen auf arXiv (einem Server für wissenschaftliche Publikationen) mehr als versechsfacht, von 5.478 im Jahr 2015 auf 34.736 im Jahr 2020.
- KI-Publikationen machten 2019 3,8 % aller begutachteten wissenschaftlichen Publikationen weltweit aus, im Vergleich zu 1,3 % im Jahr 2011.

In Deutschland sind die Beispiele für konkrete Anwendungen aus Europa und den USA meist bekannter als aus China. Dabei hat China eine klare KI-Strategie und ist sich der Bedeutung dieser Technologie sehr bewusst.

Die Kommission für Nationale Sicherheit und Künstliche Intelligenz der USA sieht die Vereinigten Staaten aktuell zwar noch in Führung bei der Entwicklung und Anwendung von KI-Systemen [22], aber das Reich der Mitte verringert laufend den Abstand und hat eine klare Strategie und strebt die technologische Führerschaft im Jahr 2030 an [31]. Daraus ergibt sich für die mittelständischen Unternehmen in Deutschland, für die China ein wichtiger Exportmarkt in vielen Bereichen ist, die Notwendigkeit, den Einsatz industrieller KI-Anwendungen weiter voranzutreiben, um auch in Zukunft wettbewerbsfähig sein zu können.

„Der zweite Aufguss ist stärker" hat Prof. Dr. Scheer sehr passend zu den aktuellen Fortschritten bei der KI formuliert [81]. Während die großen Unternehmen der Consumer IT in den USA und China bereits einen sehr großen Vorsprung bei dem Einsatz von KI in ihren Anwendungen haben, liegt die Chance von europäischen und deutschen Unternehmen u. a. beim Einsatz der industriellen KI.

Aktuelle Forschung im Bereich der KI 3

Die Forschung bezüglich der KI wird sowohl durch öffentliche Organisationen als auch Unternehmen weltweit stark vorangetrieben. Es sind dabei vier Typen zu unterscheiden:

1. Akademische Einrichtungen
2. Unternehmensnahe Forschung
3. Regierungsorganisationen
4. Industrielle Forschung

Die Anzahl der veröffentlichten Publikationen gibt einen Anhaltspunkt, wie sich die Forschungsausgaben verteilen. In allen wichtigen Ländern und Regionen stammt der größte Anteil der von Experten begutachteten KI-Papiere von akademischen Einrichtungen. Die zweitwichtigsten Urheber sind jedoch unterschiedlich: In den Vereinigten Staaten entfallen 19,2 % der Gesamtveröffentlichungen auf unternehmensnahe Forschung, während in China (15,6 %) und der Europäischen Union (17,2 %) die Regierungsorganisationen an zweiter Stelle stehen [16].

Allein in Europa werden Ausgaben in Höhe von 12 Mrd. € im Jahr 2021 erwartet und in den nächsten Jahren ist mit einem zweistelligen Wachstum bis 2024 zu rechnen. COVID-19 ist hierbei sicher noch ein weiterer Beschleunigungsfaktor für die zunehmende Digitalisierung und Automatisierung, die von KI-Anwendungen unterstützt werden [48].

Im Jahr 2021 könnten Unternehmen fast 342 Mrd. US$ für KI-Software, -Hardware und -Dienstleistungen ausgeben. Das geht aus der neuesten Ausgabe des Worldwide Semiannual Artificial Intelligence Tracker von IDC hervor, der prognostiziert, dass sich der KI-Markt 2022 mit einem Wachstum von 18,8 % beschleunigen und bis 2024 die 500-Mrd.-Dollar-Marke überschreiten

M. Haarmeier, *Künstliche Intelligenz für den Mittelstand,* essentials, https://doi.org/10.1007/978-3-658-36085-6_3

wird. Bis 2024 wird ein durchschnittliches Wachstum des Marktes um 19 % auf 500 Mrd. US$ prognostiziert. Die Daten basieren auf einer Umfrage unter 700 Unternehmen in 32 Ländern [92]. Diese hohen Zuwachsraten und geplanten Investments seitens der Unternehmen befeuern die Forschung und Entwicklung. In Deutschland wollen Bund und Länder bis 2025 die Hochschulen mit 133 Mio. € fördern. Die Mittel können sowohl in der Lehre über KI, gerade in den Studiengängen außerhalb der Informatik, als auch in Investitionen in KI-Technik, die in den Hochschulen zur Vermittlung des Wissens genutzt wird, eingesetzt werden [30].

Die aktuellen Themenfelder zur Forschung im Bereich der KI lassen sie wie folgt klassifizieren [56]:

Themenfelder zum Forschungs- und Entwicklungsbedarf im Kontext mit KI

- Perspektiven technologischer Entwicklung
- Flexibilisierung von Produktionssystemen
- Kommunikationstechnik und Infrastruktur
- Sensorik und Aktorik
- Autonomie und Automatisierung von Produktionsprozessen

Neue Methoden und Werkzeuge/Standards für KI

- Strategische Planung und Auslegung von KI-Lösungen
- Datenaufnahme und -generierung
- Dateninfrastruktur und Datenmanagement
- Entwicklung und Umsetzung von KI-Lösungen (AutoML, Explainable AI)
- Betreiben von KI-Lösungen (Prototypen)

Wertschöpfungsszenarien für KI

- Datengetriebene Geschäftsmodelle und Veränderungen der Erlösgenerierung
- Strategien des nachhaltigen Wirtschaftens

Arbeit und Gesellschaft

- Förderung von Akzeptanz, Partizipation und neuen Führungskulturen in Unternehmen
- Gesellschaftspolitischer Dialog (Fokus auf „Gesamtgesellschaft")
- Wissenstransfer, Kompetenzentwicklung und Qualifizierung

- Responsible AI (Ethik)
- Datenschutz, Datensicherheit und Recht
- Wandel der Arbeit

Die Forschungsergebnisse führen zu den folgenden Weiterentwicklungen in den einzelnen technologischen Bereichen [16]:

Alles ist generierbar
KI-Systeme können jetzt Text, Audio und Bilder auf einem so hohen Niveau komponieren, dass es für Menschen schwierig ist, zwischen synthetischen und nicht synthetischen Ausgaben für bestimmte Anwendungen der Technologie zu unterscheiden. Das verspricht eine enorme Bandbreite an nachgelagerten Anwendungen von KI für gesellschaftlich nützliche und weniger nützliche Zwecke. Es veranlasst Forscher auch dazu, in Technologien zur Erkennung generativer Modelle zu investieren. Die Daten der Deep Fake Detection Challenge [24] zeigen, wie gut Computer zwischen verschiedenen Ausgaben unterscheiden können.

Die Industrialisierung der Bildverarbeitung durch Computer
Das maschinelle Sehen hat im letzten Jahrzehnt immense Fortschritte gemacht, vor allem durch den Einsatz von maschinellen Lerntechniken (speziell Deep Learning). Neue Daten zeigen, dass Computer Vision einen immer breiten Einsatz in der Industrie findet. Die Leistung beginnt bei einigen der größten Benchmarks abzuflachen, was darauf hindeutet, dass die Community härtere Benchmarks entwickeln und sich auf diese einigen muss, um die Leistung weiter zu testen. In der Zwischenzeit investieren Unternehmen immer größere Mengen an Rechenressourcen, um Computer Vision Systeme schneller als je zuvor zu trainieren. Gleichzeitig werden Technologien für die Verwendung in bereits eingesetzten Systemen wie z. B. Frameworks zur Objekterkennung für die Analyse von Standbildern aus Videos immer reifer und besser, was auf einen weiteren Einsatz von KI hindeutet.

Die Verarbeitung natürlicher Sprache (NLP) übertrifft ihre Bewertungsmetriken
Der rasante Fortschritt im NLP hat KI-Systeme mit deutlich verbesserten Sprachfähigkeiten hervorgebracht, die inzwischen einen bedeutenden wirtschaftlichen Einfluss auf die Welt haben. Google und Microsoft haben beide das BERT-Sprachmodell in ihren Suchmaschinen integriert und die Entwicklung großer Sprachmodelle geht weiter. OpenAI hat mit dem Generative Pre-Trained Transformer (GPT)-3 die Weiterentwicklung des Sprachverarbeitungsmodells GPT-2

vorgestellt [79]. GPT-3 nutzt Deep Learning Mechanismen um u. a. Texte zu erstellen, zusammenzufassen, zu übersetzen oder auch, um Dialoge zu entwickeln. Der Fortschritt im Bereich NLP ist so schnell, dass die technischen Fortschritte die Benchmarks, mit denen sie getestet werden, überholen. Dies zeigt sich in der raschen Entwicklung von Systemen, die Leistungen auf menschlichem Niveau erreichen, auf der SuperGLUE Plattform, einer NLP-Evaluierungssuite, die als Reaktion auf frühere NLP-Fortschritte entwickelt wurde.

Maschinelles Lernen verändert das Spiel im Gesundheitswesen und in der Biologie

Die Landschaft des Gesundheitswesens und der Biologie hat sich durch den Einsatz des maschinellen Lernens stark verändert. DeepMinds AlphaFold wendet Deep Learning-Techniken an und hat damit einen bedeutenden Durchbruch bei der jahrzehntelangen biologischen Herausforderung der Proteinfaltung erzielt. Wissenschaftler nutzen ML-Modelle, um Darstellungen chemischer Moleküle für eine effektivere Planung der chemischen Synthese zu lernen. PostEra, ein KI-Startup, nutzte ML-basierte Techniken zur Beschleunigung der COVID-bezogenen Entdeckung von Medikamenten während der Pandemie [80].

Die KI-Forschung in Europa weiter zu fördern hat sich das European Laboratory for Learning and Intelligent Systems (ELLIS) zum Ziel gesetzt. Es ist eine europäische Initiative im Bereich der Künstlichen Intelligenz mit dem Schwerpunkt auf wissenschaftlicher Exzellenz, Innovation und gesellschaftlicher Wirkung [94].

Das Ziel besteht darin, ein europäisches KI-Labor zu schaffen. ELLIS baut auf dem maschinellen Lernen als Motor der KI auf, inspiriert von einem Modell menschlicher Intelligenz, die nicht „programmiert" wird, sondern sich entwickelt und aus Daten lernt. Das vorgeschlagene ELLIS-Programm geht diese Hindernisse an, indem es eine Drei-Säulen-Strategie verfolgt:

- Forschungsprogramme und Stipendiaten
- Ein wettbewerbsfähiges paneuropäisches Doktorandenprogramm
- Ein Netzwerk von ELLIS-Einheiten und ELLIS-Instituten [94]

KI-Forschung in Deutschland

Gemäß einer aktuellen Erhebung sind in Deutschland ca. 220 Universitätsprofessoren im Bereich der KI tätig. Die KI-Forschung ist seit Jahrzehnten Bestandteil der Informatik, sodass fast jede Universität in Deutschland mindestens eine

KI-Professur hat. In Summe sind ca. 1800 Mitarbeiter an den KI-Lehrstühlen beschäftigt, ohne die externen Doktoranden zu berücksichtigen, die sich über Stellen in der Wirtschaft oder Stipendien finanzieren.

Weitere KI-Forschungsteams sind in den folgenden Organisationen tätig [2]:

- Dem Max-Planck-Institut
- Den Fraunhofer-Instituten
- Dem Deutschen Zentrum für Luft- und Raumfahrt (DLR)
- Dem Deutschen Forschungszentrum für Künstliche Intelligenz (DFKI)

Das Max-Planck-Institut für Intelligente Systeme forscht aktuell u. a. in folgenden KI-nahen Bereichen [93]:

- Autonomes maschinelles Lernen mit den Schwerpunkten Computersehen und maschinelles Lernen mit dem Schwerpunkt auf 3D-Szenenverständnis, Parsing, Rekonstruktion, Material- und Bewegungsschätzung für autonome intelligente Systeme
- Dynamische Lokomotion: Forschung zu Laufrobotern und deren Modellen
- Intelligente Roboter: Erforschung von neuartigen Methoden zum Erlernen des grundlegenden physikalischen 3D-Verständnisses dynamischer Umgebungen
- Intelligente Steuerungssysteme: Methoden und Algorithmen, die es Robotern ermöglichen, durch Rückkopplung mit ihrer Umgebung zu interagieren und selbstständig aus Daten zu lernen, um kollaborative Netzwerke zu bilden.
- Neural Capture and Synthesis: Schnittstelle von Computergrafik, Computer Vision und maschinellem Lernen mit dem Schwerpunkt markerlose Bewegungserfassung von Gesichtsdarstellungen, menschlichen Körpern sowie allgemeinen nicht starren Objekten
- Probabilistic Learning Group: Erforschung des KI-Einsatzes in der Medizin und Psychiatrie bis hin zu Sozial- und Kommunikationssystemen
- Rationality Enhancement: Forschung in den Bereichen der kognitiven Computerwissenschaften, der Psychologie, der Mensch-Computer-Interaktion und der Künstlichen Intelligenz
- Statistical Learning Theory Group: Theoretische Analyse von Algorithmen für maschinelles Lernen

Das DFKI ist eine öffentlich-private Partnerschaft mit Großunternehmen, Mittelständlern, den involvierten Bundesländern und dem Bund. Es konzentriert sich aktuell auf folgende Forschungsbereiche [23]:

- Agenten und simulierte Realität
- Analyse und Optimierung von Prozessen
- Cyber-Physical Systems
- Educational Technology Lab
- Eingebettete Intelligenz
- Erweiterte Realität
- Innovative Fabriksysteme
- Intelligente Analytik für Massendaten
- Intelligente Netze
- Interaktives Maschinelles Lernen
- Interaktive Textilien
- KI in der biomedizinischen Signalverarbeitung
- KI in der medizinischen Bildverarbeitung
- Kognitive Assistenzsysteme
- Marine Perception
- Planbasierte Robotersteuerung
- Robotics Innovation Center
- Smarte Daten & Wissensdienste
- Smart Enterprise Engineering
- Smart Service Engineering
- Sprachtechnologie und Multilingualität
- Speech and Language Technology
- Stochastische Relationale KI im Gesundheitswesen

Das Wissen verschiedener Forschungsbereiche wird in Kompetenzzentren zu den folgenden Themen gebündelt:

- Ambient Assisted Living
- Autonomes Fahren
- Deep Learning
- Emergency Response & Recovery Management
- KI für Umwelt und Nachhaltigkeit
- Semantisches Web
- Sichere Systeme
- Smart Agriculture Technologies
- Wearable AI

Aktuelle Forschungsthemen sind derzeit:

- Autonome Systeme
- Data Management & Analysis
- Image Recognition & Understanding
- IT Security
- Lernende Systeme
- Mensch Maschine Interaktion
- Robotik
- Sensorik & Netzwerke
- Sprache & Textverstehen
- Virtual & Augmented Reality

Das Fraunhofer-Institut für Kognitive Systeme IKS hat sich auf den Bereich Safe-Intelligence spezialisiert und forscht zum Beispiel in den folgenden Bereichen [36]:

1. Autonomes Fahren
2. Industrie 4.0
3. Kognitive Systeme
4. Künstliche Intelligenz/Maschinelles Lernen
5. Safety Engineering

Die aktuellen Empfehlungen des IKS im Bereich Safety Engineering lassen sich wie folgt zusammenfassen [35]:

- Bei der sicheren KI geht es um Sicherheit und daher immer darum, Leben zu retten
- Technophilie, Geschäftsinteressen oder Kämpfe um die Deutungshoheit dürfen der Sicherheit nicht im Wege stehen
- ML kann nicht mit traditionellen Ansätzen der Software-Qualitätssicherung gesichert werden
- ML-Metriken, wie sie heute zur Verfügung stehen, sind für die Gewährleistung der Sicherheit mehr oder weniger nutzlos
- Die Gewährleistung von ML erfordert die individuelle Betrachtung des jeweiligen Sachverhalts und eine ganzheitliche Berücksichtigung des Systems
- Denken Sie in neue Richtungen der Sicherheitsgewährleistung
- Beginnen Sie jetzt mit der individuellen Sicherheitsgewährleistung, bringen Sie sie in die Praxis, lernen Sie systematisch
- Versuchen Sie nicht, Standards zu definieren, für die Sie nicht über das allgemein anerkannte Wissen verfügen

- Überdenken Sie die Normung, seien Sie schnell, aber vergessen Sie nie, worum es bei der Sicherheit geht

Die Helmholtz-Gemeinschaft Deutscher Forschungszentren e. V. als Zusammenschluss von 18 naturwissenschaftlich-technischen und medizinisch-biologischen Forschungszentren fördert über Helmholtz AI die Anwendung und Entwicklung von angewandter Künstlicher Intelligenz und maschinellem Lernen in folgenden Forschungsfeldern [41]:

- AI in aeronautics, space and transport
- AI in Earth and environment
- AI in energy
- AI in health
- AI in information
- AI in matter

Das Deutsches Zentrum für Luft- und Raumfahrt forscht in Bezug auf KI in den Bereichen [20]:

- Erdbeobachtung
- Sicherheitskritische Systeme
- Automatisiertes und vernetztes Fahren
- Persönliche Assistenten und Expertensysteme
- Robotik
- Produktion
- Predictive Maintenance und Condition Monitoring

Das DLR ist der Projektträger der Fördermaßnahme „KI4KMU" [21] des Bundesministeriums für Bildung und Forschung, die sich sowohl an forschende KMU als auch an Forschungseinrichtungen richtet.

KI-Forschung in der Schweiz

In der Schweiz wird in zahlreichen Forschungseinrichtungen zur KI sowohl im Grundlagen- als auch im Anwendungsbereich geforscht. Die Technischen Hochschulen ETH Zürich und EPFL in Lausanne bündeln ihre Forschung in KI-Labors.

ETH Zürich

Neben der Forschung werden industrielle Innovation und KI- UnternehmerInnentum gefördert, um vertrauenswürdige, zugängliche und inklusive KI-Systeme realisieren zu können [27]. Die Forschung des Autonomous Systems Lab [28] konzentriert u. a. auf KI für Roboter und unterscheidet in folgende Systeme:

- Flying Robots
- Legged Robots
- Urban Robots
- Space and Rescuing Robots
- Service Robots
- Swimming Robots
- Inspection Robots
- Edutainment Robots
- Focus Projects
- Perception, Mapping, and Localization
- Robotics Aesthetics & Usability Center (RAUC)

EPFL (Ecole polytechnique fédérale de Lausanne)

Das Labor für Intelligente Systeme erforscht zukünftige Wege der Künstlichen Intelligenz und Robotik an der Schnittstelle zwischen Biologie und Technik, Mensch und Maschine [26].

Dalle Molle Institute for Artificial Intelligence (IDSIA), Lugano

Das IDSIA war federführend bei der Erfindung und Entwicklung des Long shortterm memory (LSTM) in den 1990er Jahren, ein Algorithmus, der heute von Google, Facebook und Apple für die Spracherkennung verwendet wird. DeepMind, ein Unternehmen, das später von Google übernommen wurde, ist aus dem IDSIA hervorgegangen. Das IDSIA fokussiert sich heute auf die Gebiete Deep Learning und Neuronale Netze [50].

IDIAP, Martigny

Das Forschungsinstitut befasst sich seit 1991 mit KI-Themen und gliedert seine Aktivitäten in 14 Forschungsgruppen, zu denen u. a. die folgenden Bereiche gehören [49]:

- Sprach- und Bilderkennung
- Maschinelles Lernen
- Mensch-Maschine-Interaktion
- Robotik

- Sprachanalyse
- Bio-Imaging

Universität St. Gallen (HSG)
Das Research Lab für das Management von Künstlicher Intelligenz konzentriert sich mit seiner anwendungsorientierten Forschung auf den wertorientierten Einsatz von Künstlicher Intelligenz in Organisationen und gliedert dies in die folgenden Themenschwerpunkte [69]:

- Management of AI
- Management of AI-Projects
- Design Thinking for AI
- Democratization of AI
- Augmented Human Intelligence
- Data Bias & Data Pipeline Management

KI-Forschung in Österreich

Auch in Österreich gibt es eine Reihe von Organisationen, die sich auf Forschung und Lehre im Bereich der KI konzentrieren.

Johannes Kepler Universität, Linz
Das Institut für Maschinelles Lernen betreibt Forschung und bietet einen Bachelor- und Masterstudiengang Ausbildung im Bereich des Maschinellen Lernens mit den folgenden Schwerpunkten an [58]:

- Grundlagen über Algorithmen und Datenstrukturen und Python
- AI relevante mathematische Grundlagen
- AI Basics
- AI und Gesellschaft
- Data Science
- Knowledge Repräsentation:
- Machine Learning und Wahrnehmung
- AI und Mechatronik: Robotik, autonomes Fahren, Drohnen
- AI und Mechatronik – Embedded Intelligence und Signal Processing
- AI und Life Sciences: KI-Techniken in Medizin, Biologie, Biotechnologie, Genomik und Genetik

Fraunhofer, Austria

2019 wurde das Innovationszentrum für Digitalisierung und Künstliche Intelligenz KI4LIFE gegründet. Neben der Grundlagenforschung und angewandten Forschung steht dort die enge Zusammenarbeit in gemeinsamen Forschungs- und Entwicklungsprojekten mit der Industrie im Vordergrund [32].

AIT Austrian Institute of Technology, Wien

Das AIT ist eine außeruniversitäre Forschungseinrichtung, deren Gesellschafter sich aus Bund und Industrie zusammensetzen. Sie bietet Beratung im Bereich Data Sciences und entwickelt Lösungen auf der Basis von großen Datensätzen und Echtzeitdaten an [1].

Joanneum Research, Graz

Die Forschungsgesellschaft ist thematisch gegliedert in die Bereiche Informations- und Produktionstechnologien, Humantechnologie und Medizin sowie Gesellschaft und Nachhaltigkeit. Sie stellt in den Forschungsgebieten jeweils den Bezug zur KI her [57].

KI-Forschung in der Industrie

Die industrielle Forschung und Entwicklung von KI-Anwendungen wird mit großem Einsatz von einigen Unternehmen vorangetrieben. Hierbei ist zu erkennen, dass bei der Entwicklung zunächst gezeigt wird, was alles technisch möglich ist, und dann manchmal das Feedback aus der öffentlichen Diskussion in dem nächsten Software-Release mitberücksichtigt wird. So haben z. B. die Forscher von Google 2019 Translatotron vorgestellt, mit dessen Hilfe es möglich ist, Aussagen mit verschiedenen Stimmen zu erstellen, wobei als Trainingsdaten frei verfügbare Audiodateien wie z. B. Podcasts und Videos genutzt werden konnten. Nach Aussagen der Forscher hat die Leistung der Sprachumwandlung in den letzten Jahren so große Fortschritte gemacht und erreicht nun eine Qualität, die für automatische Sprachverifikationssysteme schwer zu erkennen ist. Daher wurde bei Translatotron 2 nun die Funktionalität entfernt, Aussagen mit fremden Stimmen zu erzeugen. Es kann ausschließlich die Stimme des Sprechers genutzt werden [55].

Bemerkenswert ist beim Nature AI Index, der die Anzahl der veröffentlichen Artikel zur Künstlichen Intelligenz berücksichtigt, dass bei den Unternehmen gleich hinter Google (Alphabet) und IBM an dritter Stelle NTT aus Japan und an vierter und fünfter Stelle jeweils die beiden Life-Science Unternehmen Novartis und Pfizer aufgeführt sind [78].

Neben der KI-Forschung und -Entwicklung bei den IT-Plattform-Unternehmen wie Amazon, Google, Microsoft, IBM, Facebook, Salesforce, Apple, Baidu, Salesforce u. a., die jährlich hohe Summen in KI sowohl in interne F&E-Aktivitäten als auch in Form von Akquisitionen investieren, gibt es bereits auf Anwenderseite einige Unternehmen außerhalb der IT-Branche, die die hohe Relevanz von KI für sich erkannt haben.

Mit zunehmender Reife der KI-Lösungen erfolgt immer mehr die Ausgestaltung in branchen- und prozessspezifischen Lösungen, die von den Unternehmen entwickelt werden. Das Maschinenbauunternehmen Trumpf hat beispielsweise ein Start-up gegründet, das KI einsetzt, um die Herstellkosten für Blechbauteile zu senken, indem der Materialeinsatz reduziert wird und alternative Fertigungsmethoden (z. B. Biegen statt Schweißen) eingesetzt werden [5].

Für alle gilt, dass das weitere KI-Wachstum von zunehmenden Rechenleistungen und dem um ca. 40 % jährlich steigenden Datenvolumen vorangetrieben wird, sodass die Algorithmen kontinuierlich immer besser werden [82].

Ähnlich wie die öffentlichen Forschungseinrichtungen gliedern sich die Forschungsabteilungen der Privatwirtschaft, wie z. B. die Forschungsschwerpunkte von Deepmind zeigen [17]:

- Theorie und Grundlagen
- Deep Learning
- Reinforcement Learning
- Sicherheit
- Steuerung und Roboter
- Unsupervised Learning
- Generative Modelle
- Neurowissenschaften

Salesforce stellt z. B. aktuelle Forschungsergebnisse unternehmensübergreifend zur Verfügung [42]. Die oben aufgeführten internationalen IT-Unternehmen stellen über ihre Plattformen Modelle und Ressourcen zur Verfügung, die z. B. von KMU genutzt werden können.

Einen sehr guten Überblick zum Einstieg in das Thema KI bietet die von Acatech betriebene „Plattform Lernende Systeme". Dort ist u. a. eine Übersicht über die aktuellen Entwicklungsprojekte sowie die verantwortlichen Partner in Deutschland verfügbar. Aufgeteilt nach Bundesländern sind über 700 Projekte vermerkt [65].

Das nach eigenen Angaben größte europäische Forschungskonsortium im Bereich der KI hat sich 2016 unter dem Namen „Cyber Valley" in Baden-Württemberg gegründet. Partner aus der Privatwirtschaft sowie aus Forschung und Lehre fassen in Form eines Konsortiums sowohl angewandte Forschung als auch Grundlagenforschung hier zusammen. Sie fokussieren sich dabei u. a. auf folgende Bereiche [95]:

- Neuartige numerische Algorithmen, die lernende Maschinen schneller und zuverlässiger machen sollen
- Intelligente Software für selbstfahrende Autos und Verkehrsleitsysteme
- Weiche Roboter, deren Design der Natur nachempfunden wurde
- Medizinische Anwendungen wie z. B. Werkzeug, um neue und auf den einzelnen Patienten zugeschnittene Therapien entwickeln und einsetzen zu können

Neben den hier genannten Beispielen für industrielle Forschung gibt es auch im Bereich der KMU bereits eine Vielzahl an Forschungs- und Entwicklungsaktivitäten im Hinblick auf den Einsatz von KI.

Übersicht der verfügbaren Anwendungen

4

Dass KI mittlerweile kein Hype-Thema mehr ist, wird u. a. an der Vielzahl der verfügbaren Anwendungen deutlich, die auf KI-Technologien basieren oder sie nutzen. Die Leistungsfähigkeit von KI wurde der breiten Öffentlichkeit in den letzten 25 Jahren immer wieder durch Siege über menschliche Spieler verdeutlicht:

- 1996: Der IBM Computer „Deep Blue" schlug den amtierenden Schachweltmeister Garri Kasparov.
- 2015: Die von dem Unternehmen Google entwickelt KI „Alpha Go" schlug den Europameister Fan Hui im Brettspiel „Go".
- 2016: Wurde der Weltmeister Lee Seedol ebenfalls von „Alpha Go" geschlagen.
- 2017: Deep Mind stellte die neueste Version „Alpha Go Zero" vor. Während Alpha Go noch mit Expertenwissen trainiert werden musste, wurden „Alpha Go Zero" lediglich die Spielregeln zur Verfügung gestellt. Nach einem nur dreitägigen Reinforcement Learning, bei dem das System gegen sich selbst spielte, wurde es der beste Spieler aller Zeiten. Während Alpha Go noch 30 Mio. Trainingsspiele brauchte, waren für Alpha Go Zero nur noch 3,9 Mio. Spiele notwendig [68].
- 2018: Forscher der Universität Freiburg haben das Atarispiel „Q*bert" von KI-Algorithmen spielen lassen, wobei auch hier Reinforcement Learning zum Einsatz kam. Das KI-System fand einen Fehler im Design des Spieles, nutzte ihn aus und erzielte bisher unerreichte Höchststände bei den Punkten [15].
- Ebenfalls 2018 haben Forscher der Organisation OpenAI mit ihrem System „OpenAI Five", bei dem fünf Algorithmen quasi in Teamwork arbeiten, ein menschliches Team in dem Multiplayer-Online-Battle „Dota 2" geschlagen [61].

M. Haarmeier, *Künstliche Intelligenz für den Mittelstund*, essentials, https://doi.org/10.1007/978-3-658-36085-6_4

Auch in anderen Bereichen gab und gibt es eine Reihe von Erfolgsmeldungen, bei denen die KI bei spezifischen Fragestellungen große Fortschritte gemacht hat. Im Jahr 2019 haben z. B. 157 Hautärzte aus Universitätskliniken und ein angelernter Algorithmus 100 Bilder dahingehend untersucht, ob es sich um ein Muttermal oder schwarzen Hautkrebs handelt. Die Bewertung des Algorithmus war präziser als die der Ärzte [4].

Während in den 2010er Jahren die Meldungen im Ductus „KI schlägt Mensch" dominierten, werden KI-Technologien im Massenmarkt genutzt. Die Treiber hierbei sind die IT-Plattform-Unternehmen [97]:

- 2011: Siri ist als KI-Sprachassistent im iPhone verfügbar.
- 2014: Wurde Microsoft Cortana vorgestellt und mit dem Rollout von Windows 10 in 2015 ist es für alle Nutzer verfügbar [76].
- 2015: Der Amazon Smart-Speaker Alexa wurde eingeführt.
- 2016: Der Google Sprachassistent ist verfügbar.
- 2017: Samsung führt seinen Sprachassistenten Bixby ein [29].

KI im Alltag

85 % der Endanwender in Deutschland geben an, mindestens ein Endgerät zu besitzen, das bereits einen Sprachassistenten vorinstalliert hat. Die Geschwindigkeit, mit der die Verbraucher diese Innovation übernehmen und regelmäßig nutzen, ist mit der Adaption der ersten Smartphones vergleichbar [52]. Unterstützt wird dies durch die kurzen Lebenszyklen der eingesetzten Hardware und die Tatsache, dass die Lösungen in die Betriebssysteme integriert sind und mit einem neuen Software-Release allen Anwendern standardmäßig zur Verfügung gestellt werden.

Der wichtigste Faktor für die schnelle Bereitstellung von Innovationen und neuen Funktionalitäten im Softwarebereich ist die Nutzung von Cloud-Architekturen, die ein einfaches bzw. kontinuierliches Update der Lösungen ermöglichen. Hier sind weitere Beispiele, wie KI-Technologien an die Anwender ausgerollt und ggf. täglich aktualisiert werden. Die folgende Auflistung von Microsoft zeigt, wie beispielhaft KI-Anwendungen zunehmend Einzug in unser tägliches Arbeitsleben finden [85]:

- Outlook: Cortana liest E-Mails vor und fasst wichtige Details wie Absender, Sendezeit und Betreff zusammen. Cortana kann auch eine Reihe von Terminplanungsaufgaben übernehmen.

- Excel: Fotografierte Tabellen werden über OCR erkannt und die Daten werden bereits in Tabellenform in die Excel-Zellen eingelesen.

- PowerPoint: Zeigt Live-Untertitel in Echtzeit an. Es unterstützt zwölf gesprochene Sprachen und zeigt Untertitel in über 60 Sprachen auf dem Bildschirm an.

- PowerPoint Presenter Coach: Diese Funktion kann sofortig Feedback zu häufigen Fallen wie schlechtem Tempo und der Verwendung von Füllwörtern geben und ist bisher für englische Präsentationen verfügbar.

- MyAnalytics nutzt KI, um Arbeitsmuster zu analysieren, und unterbreitet Vorschläge, wie z. B. die Arbeit anders organisiert werden kann, sodass Unterbrechungen minimiert und die Konzentration erhöht werden können.

- Microsoft Pix nutzt KI, um Fotos zu verbessern, sodass sie schärfer und klarer werden.

- Teams: KI wird genutzt, um den Hintergrund unscharf werden zu lassen und andere Hintergründe oder den Präsentator virtuell vor den Folien einzublenden.

- Über den AI Builder werden KI-Modelle erstellt, mit denen Geschäftsprozesse optimiert werden können. Es können spezifische benutzerdefinierte Modelle erstellt oder vorgefertigte Modell ausgewählt werden, um sie für entsprechende Geschäftsszenarien zu verwenden.

KI im Unternehmen

Aus dem Consumer-Bereich kennen wir den Einsatz von KI seit Jahren z. B. für Empfehlungsalgorithmen bei Netflix und Spotify und darüber hinaus in vielfältigen weiteren Anwendungsgebieten bei den E-Commerce Plattformen wie z. B. Otto [63]:

- Empfehlungen aufgrund des Kaufverhaltens
- Visuelle Suche liefert ähnliche Motive und Informationen zu hochgeladenen Bildern des Kunden
- Chat-Bots bei Hermes u. a. zur Sendungsnachverfolgung und wenn der Bot nicht weiterkommt, sammelt er weitere Daten und übergibt an menschliche Kollegen im Service Center

Die Beispiele aus dem Consumer-Bereich zeigen, dass an vielen Stellen bereits KI-Systeme im Einsatz sind, ohne dass die Anwender sich dessen immer bewusst sind. Für Unternehmen und Organisationen lassen sich die Einsatzgebiete der KI den folgenden drei übergeordneten Bereichen zuordnen, wobei Überlappungen möglich sind [70]:

1. Kunden: KI kann Unternehmen helfen, besser zu verstehen, wer ihre Kunden sind und welche Produkte und Dienstleistungen sie sich wünschen; sie kann Markttrends und Nachfrageentwicklungen vorhersagen und Wege zu stärker personalisierten Interaktionen mit Kunden aufzeigen.
2. Produkte und Dienstleistungen: KI kann den Unternehmen helfen, ihren Kunden intelligente Produkte und Dienstleistungen anzubieten. Kunden wünschen sich smarte Produkte, beispielsweise intelligente Smartphones, intelligente Autos und intelligente Haustechnik.
3. Interne Prozesse und Lösungen: Die KI kann dazu beitragen, Geschäftsprozesse zu verbessern und zu automatisieren.

Darüber hinaus kann der Einsatz von KI in Unternehmen anhand der folgenden Wertschöpfungsbereich gegliedert werden [25]:

Logistik

- Lagerhaltung, Sortierung, Lieferung durch autonome Fahrzeuge/Roboter
- KI-basierte Bedarfs- und Routineplanung

Produktion

- Anomalieerkennung
- Vorausschauende Wartung
- KI-gestützte Roboterassistenten für Beschäftigte
- Weiterentwicklung smarter Produkte für neue Geschäftsmodelle

Lieferkette

- Optimierung der Lieferkette
- Intelligente Absatzvorhersageprognosen
- Bedarfsprognosen zur Vorhersage von Umsätzen
- Sprachsteuerung der Maschinen [90]
- KI im 3D-Druck [90]

- KI und kollaborative Robotik [90]

Beschaffung/Einkauf und Bestellung

- Automatisierte Lagerhaltung durch autonome Fahrzeuge
- KI-basierte Abwicklung: Übernahme vom Bestellvorgang bis zur Lieferung

Unternehmensinfrastruktur und Personalwesen

- Übernahme von Routineaufgaben
- Teilautomatisiertes Bewerbermanagement

Service und Kundenmanagement

- Automatisierte Kunden-Review-Analysen
- Unterstützung bei Kundeninteraktion (z. B. Chatbots)

Forschung und Entwicklung

- KI-gestützte Simulation des Produktverhaltens
- Analysen für Produktentwicklung

Marketing und Vertrieb

- Automatisierte Datenerfassung und -auswertung
- KI-Unterstützung für Kundeninteraktion
- Dynamische Preisoptimierung
- Optimierung Produktportfolio
- Zielgenaue Werbung/Promotion

Qualitätskontrolle und -sicherung

- Sichtprüfung von Bauteilen auf Fehlerhaftigkeit
- Predictive Quality: optische und akustische Qualitätssicherung

Weitere konkrete Beispiele des KI-Einsatzes gerade im Mittelstand sind [89]:

- Optimierung der Sachbearbeitung sowie eine intelligente Lagerhaltung und Überwachung im Servicefahrzeug (SHK-Handwerk)

- Praxiserfahrungen mit kollaborativen Robotern (Cobot), die gemeinsam mit Menschen arbeiten (produzierendes Handwerk)
- KI-Software bei Backwarenfilialisten, um z. B. weniger überschüssige Ware zu produzieren (Lebensmittelhandwerk)
- Eine KI-Textanalyse, um Bauvertragsentwürfe auf „Fallstricke" zu prüfen
- Die Umwandlung von Photogrammetriedaten in 3D-Modelle bzw. 3D-CAD-Modelle, die das Prüfen von Leistungsverzeichnissen auf Vollständigkeit, die Ableitung von Terminplänen oder das Generieren von 3D-Modellen aus 2D-Grundrissen unterstützen
- Reparaturbetriebe, die auf der Grundlage von vorliegenden Kalkulationen und fotografierten Schadensbildern eine Schadenskalkulation erstellen wollen (Kfz-Handwerk)
- Das zuverlässige Erkennen von Augenkrankheiten (Augenoptiker, Optometristen-Handwerk)
- Die Vernetzung von Maschinen im landwirtschaftlichen Pflanzenbau, um einerseits die Produktivität und andererseits die Ressourcenschonung zu verbessern (Landbautechnik)

Auf der Plattform Lernende Systeme werden sowohl Entwicklungsprojekte als auch bereits vorhandene KI-Anwendungen in Deutschland, die schon im Einsatz sind oder bald verfügbar werden, dargestellt [67] (Abb. 4.1).

Die Verteilung der KI-Anwendungen in Deutschland aufgeschlüsselt nach der Wertschöpfungsaktivität [65] gibt einen Hinweis darauf, in welchem Bereich aktuell KI-Aktivitäten zu verzeichnen sind. Es ist zu beachten, dass hierbei Mehrfachnennungen möglich waren.

Mit 25 % werden im Bereich Forschung und Entwicklung die meisten Anwendungen verzeichnet, der zweitstärkste Bereich ist die Produktion mit 15 % der genannten Anwendungen, gefolgt vom Service und Kundendienst mit 11 %. Kumuliert verzeichnen diese drei Bereiche mit 52 % mehr als die Hälfte der Anwendungen.

Mittelständische Unternehmen werden von der schnellen Entwicklung im Bereich der KI und besonders in dem Teilbereich Maschinelles Lernen besonders gefordert, da ihnen oftmals die Expertise fehlt, moderne Technologien zeitnah einzuführen [44].

Durch die zunehmende Digitalisierung, z. B. der Produktion und Überwachung der Prozesse und Systeme mit Sensoren, wird der Bedarf nach KI-basierenden Anwendungen wie beispielsweise Predictive Maintenance Lösungen weiter steigen (Tab. 4.1).

Anwendungen nach Wertschöpfungsaktivität

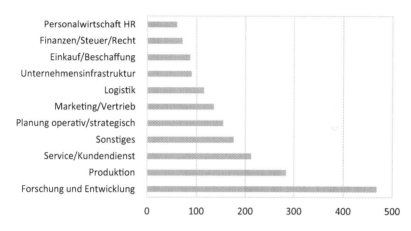

Abb. 4.1 Anwendungen nach Wertschöpfungsaktivität [67]

Tab. 4.1 Lösungen nach Anwendungsbereichen. (Quelle [67])

Lösungen nach Anwendungsbereichen	Anzahl	Anteil
Intelligente Assistenzsysteme	444	17 %
Predictive Analytics	395	15 %
Intelligente Automatisierung	373	14 %
Intelligente Sensor Technologie	276	10 %
Knowledge Management	249	9 %
Qualitätssicherung	232	9 %
Optimierung des Ressourcenmanagements	199	7 %
Sonstiges	156	6 %
Robotics	142	5 %
Data Analysen	138	5 %
Autonomes Fahren und Fliegen	85	3 %

Gerade für den Mittelstand ist zu prüfen, ob schnelle Lösungen erzielt werden können, indem angelernte Modelle genutzt werden können. Alle ML as a Service Anbieter stellen bereits vorbereitete Modelle zur Verfügung, beispielhaft sind hier die vortrainierten Modelle von Google mit folgenden Funktionalitäten zu erwähnen [40]:

- Audio- und Videodateien transkribieren
- Text in Dokumenten lesen
- Strukturierte Dokumente wie Formulare und Rechnungen parsen
- Gesichter, Emotionen und Objekte auf Bildern erkennen
- Unerwünschte Inhalte auf Bildern/in Videos erkennen

Microsoft bietet mit dem AI Builder eine Lösung an, mit der manuelle Abläufe schnell automatisiert werden können. Die Robotergesteuerte Prozessautomatisierung (RPA) greift hierbei auf vorgefertigte KI-Lösungskomponenten zu, um visuelle Informationen aus Dokumenten und Bildern zu extrahieren [77].

KI-as-a-Service

Für den Einstieg in die KI bietet sich für mittelständische Unternehmen eine Kombination aus „KI-as-a-Service" und der engen Kooperation mit Anwendungsparten an. So kann verhindert werden, dass die Einführung an dem mangelnden Know-how oder den fehlenden technischen Ressourcen scheitert [44].

Es lohnt sich, einen genaueren Blick auf die verfügbaren Lösungen, die als KI-as-a-Service angeboten werden, zu werfen und zu überprüfen, ob für die im Unternehmen identifizierten Anwendungsfälle brauchbare Services bereits zur Verfügung stehen. Andererseits ist das Screening der von den Lösungsanbietern zur Verfügung gestellten Applikationen eine gute Quelle der Inspiration für mögliche Anwendungsgebiete im Unternehmen.

Im Folgenden werden die Ergebnisse einer Studie des Fraunhofer-Institutes für Arbeitswirtschaft und Organisation über den Vergleich der vier großen Machine Learning (ML) Plattformen, die von Amazon Web Services, Google, IBM sowie Microsoft angeboten werden, zusammengefasst.

Die Auswahl der Plattformen erfolgte aufgrund des breiten Funktionsumfangs im Hinblick auf die folgenden vier Einsatzszenarien [44]:

Anwendungsfall	Anbieterempfehlung
Tab. 4.2 Anbieterempfehlung ML-Plattformen *(left margin label)*	
Binäre Klassifikation auf tabellarischen Daten	IBM Watson, Microsoft Azure
Textklassifikation	Microsoft Azure
Bildklassifikation	Google Cloud Platform, Microsoft Azure
Zeitreihenanalyse	IBM Watson, AWS, Microsoft Azure

- Binäre Klassifikation auf tabellarischen Daten (strukturierte Daten: Use Cases, die Datensätze liefern, die in tabellarischer Form zur Verfügung stehen)
- Textklassifikation (Sprachverarbeitung (Natural Language Processing): Use Cases, die mit der Verarbeitung natürlicher Sprache zu tun haben und damit Datensätze liefern, die z. B. aus Worten oder Sätzen bestehen)
- Bildklassifikation (Use Cases, die Datensätze in Form von Bildern liefern)
- Zeitreihenanalyse (Use Cases, die Datensätze liefern, die eine zeitlich geordnete Struktur aufweisen)

Diese Anwendungsfälle wurden ausgewählt, da sie die derzeit größten ML-Anwendungsgebiete in der Wirtschaft repräsentieren [73].

Die Auswertung zeigt, dass es wichtig ist, zunächst zu überlegen, welche Anwendungsfälle mit KI umgesetzt werden sollen, bevor die weiteren strategischen Entscheidungen zur Auswahl der Plattformen getroffen werden.

Auf der Basis der hier zugrunde liegenden Anforderungen ergeben sich die folgenden Empfehlungen [44] (Tab. 4.2):

Der Markt für Infrastructure as a Service (IaaS) Leistungen ist in den Jahren 2016 bis 2020 im Durchschnitt jährlich um ca. 30 % gewachsen und die Prognose für die nächsten Jahre liegt bei ca. 27 % jährlichem Wachstum. Diese Dynamik zeigt, dass Aussagen aus der Vergangenheit immer neu bewertet werden müssen, da die Weiterentwicklung rasant voranschreitet.

Neben den untersuchten vier großen kommerziellen Anbietern gibt es auch sehr interessante auf Open Source basierende Alternativen wie z. B. H2O.ai. Sie vertreten die Firmenphilosophie „demokratisiere KI für alle" [44].

Alternativ oder ergänzend zu der Nutzung der beschriebenen MLaaS-Plattformen können ML-Lösungen natürlich auch lokal aufgesetzt und betrieben werden [44].

Die Erfahrungen in der zitierten Studie lassen sich wie folgt zusammenfassen [44]:

- Der Markt der MLaas-Lösungen entwickelt sich sehr schnell und ist heiß umkämpft.
- Der Reifegrad der Software ist noch in einer frühen Phase, verglichen mit anderen Softwarekategorien (ERP, CRM …).
- Oftmals sind Pioniergeist und Durchhaltevermögen erforderlich, um aufgrund der komplexen Nutzerführung zu einer Lösung zu gelangen.
- Viele Use Cases aus dem unternehmerischen Alltag sollten sich auf den Plattformen umsetzen lassen.
- Es bedarf einige Zeit und Durchhaltvermögen, bis man sich einen Überblick über die verfügbaren Möglichkeiten verschafft hat.
- Um im Voraus die Kosten abschätzen zu können, ist einige Erfahrung notwendig. Die Preisgestaltung ist nicht immer transparent.
- Ob die eingerichteten Modelle und Schnittstellen auch in neuen Plattform-Releases, die regelmäßig zur Verfügung gestellt werden, weiter funktionieren, ist noch offen.
- Die Plattformen können sowohl von Einsteigern als auch von Profis genutzt werden.
- Die permanente Verfügbarkeit und schnelle Skalierbarkeit der eingesetzten Hardware, z. B. bei rechenintensiven Modellen, kann ein großer Vorteil sein.

Für mittelständische Unternehmen bietet die Nutzung von MLaaS-Anwendungen einen schnellen Einstieg in die Welt der KI-Lösungen. Der Aufbau einer eigenen Hardware sowie die Software-seitige Installation und Einrichtung fallen weg. Da die Nutzung oft nicht selbsterklärend ist, scheint das Einbinden von externen Experten zum Know-how-Transfer sinnvoll zu sein.

Der Innovationsprozess im Mittelstand ist stark durch den Eigentümer geprägt, er ist Vorbild und Zugpferd für Veränderungen und Innovationen. Für die KI-Einführung ist zu Beginn des Vorhabens das zum Unternehmen passende Vorgehensmodell zu wählen, wobei der digitale Reifegrad eine wichtige Rolle spielt. Für viele Unternehmen erscheint ein hybrider Ansatz als Kombination aus klassischem und agilem Projektvorgehen am besten geeignet [88].

Standortbestimmung

Man sollte ein klares Bild haben, auf welcher Stufe des digitalen Reifegrades sich das Unternehmen befindet, bevor die Einführung von KI-Lösungen startet. Der Reifegrad dient als Anhaltspunkt dafür, wie gut vorbereitet die Organisation für dieses Vorhaben bereits ist und welchen Handlungsbedarf es im Hinblick auf die Digitalisierung gibt [12].

Folgende Kategorisierung hilft bei der Standortbestimmung im Hinblick auf die Digitalisierung [12]:

- Erkunder/Reifegrad I:
  Das Unternehmen befindet sich in der Findungs- und Planungsphase zu Beginn des digitalen Transformationsprozesses.
- Einsteiger/Reifegrad 2:
  Die Potenziale von Industrie 4.0 sind erkannt worden und erste Digitalisierungslösungen befinden sich in der Planung.
- Fortgeschrittener/Reifegrad 3:
  Digitalisierungslösungen befinden sich in der Umsetzung oder kommen bereits in einigen, Bereichen bereits zum Einsatz.

© Der/die Autor(en), exklusiv lizenziert durch Springer Fachmedien Wiesbaden GmbH, ein Teil von Springer Nature 2021
M. Haarmeier, *Künstliche Intelligenz für den Mittelstund,* essentials,
https://doi.org/10.1007/978-3-658-36085-6_5

- Experte/Reifegrad 4:
  Mitarbeiter und Führungskräfte kennen die Potenziale von Industrie 4.0 und Digitalisierung und setzen diese im Unternehmen um.
- Vorreiter/Reifegrad 5:
  Das Unternehmen ist Industrie 4.0-Vorreiter, digitale Lösungen werden zielorientiert eingesetzt und ihre Entwicklung proaktiv vorangetrieben.

Die Ergebnisse einer Umfrage des Mittelstand 4.0-Kompetenzzentrums Kaiserslautern, an der 568 Unternehmen teilgenommen haben, sind ernüchternd [45]:

- 75 % der KMU aus den drei Bereichen Industrie, Handwerk und Dienstleistungen schätzen sich als Erkunder (29 %) und Einsteiger (46 %) im Hinblick auf die Digitalisierung ein.
- 21 % stufen sich als Fortgeschritten ein.
- 3 % nehmen sich als Experten wahr.
- 0 % sind Vorreiter nach eigener Einschätzung.
- Mit zunehmender Unternehmensgröße (mehr als 250 Mitarbeiter, Umsatz größer als 50 Mio. €) steigt der digitale Reifegrad leicht.

Konkret für die Bestimmung des Status-quo in Bezug auf KI sind zahlreiche weitere Modelle wie z. B. von der Gartner Group verfügbar [11]. Ein ebenfalls im Hinblick auf KI abgestimmtes Modell hat die Initiative für appliedAI entwickelt [53]:

1. KI-Experimentator: Die ersten Schritte
2. KI-Praktiker: Vom „Proof-of-Concept" zu den ersten Produktivanwendungen
3. KI-Experte: Skalierung von KI, Ethik, Sicherheit und Reproduzierbarkeit
4. KI-Gestalter: Erkennen von neuen Märkten und Disruptionspotenzial

Mittelständische Unternehmen, die stark durch die Eigentümer geprägt sind, stehen vor anderen Herausforderungen als Großunternehmen. Andererseits zeichnen sich KMUs auch durch eine Reihe von Vorteilen aus, die für die Einführung von neuen Technologien hilfreich sind.

Herausforderungen für KI-Projekte

Für alle Unternehmen gibt es eine Reihe von Herausforderungen, die zu bewältigen sind. Sie lassen sich wie folgt gliedern [74]:

1. Schnelllebige technologische Entwicklung:
   Die Forschung und Entwicklung auf dem Gebiet der KI nimmt rasant zu. Dies erfordert von den Stakeholdern eine ständige Neubewertung der Strategie und somit sehr flexible Tools.
2. Die Notwendigkeit, KI-Produkte neu zu definieren, zu überwachen und zu aktualisieren:
   Datensatzverschiebungen, Veränderungen der Umgebung und die schnelle Entwicklung von KI erfordern einen iterativen Ansatz zur Überwachung, Definition und Aktualisierung von KI-Produkten.
3. Unsicherheit bei KI-Projekten:
   Die Planung von Projekten, die KI beinhalten, wird durch die inhärente Unsicherheit von KI-Projekten erheblich erschwert. Interne und externe Anforderungen, Änderungen in den Daten oder der Infrastruktur haben große und oft unvorhersehbare Auswirkungen auf das Ergebnis eines Projektes. Es ist daher notwendig, ein Verständnis für all diese Faktoren zu entwickeln und sie in die strategische Planung auf hoher Ebene zu integrieren.
4. Der Bedarf an einem abteilungsübergreifenden und unternehmensweiten Aufbau und Verständnis von KI:
   Im Gegensatz zu anderen Technologien ist KI ein Thema, das nahezu jeden Aspekt eines Unternehmens berührt. Klassische Business Cases werden oft isoliert konzeptualisiert, was sich in einer ebenso engen Perspektive bei der Bearbeitung dieser Cases niederschlägt.

Zusätzlich zu den allgemeinen Herausforderungen sehen sich mittelständische Unternehmen mit weiteren Faktoren konfrontiert, für die Lösungen gesucht werden müssen.

1. Erkennen der strategischen Relevanz. Aufgrund der Einbindung aller Ebenen in das Tagesgeschäft fehlt manchmal der Freiraum, sich über strategische Themen Gedanken zu machen und sie rechtzeitig zu erkennen.
2. Knappe Personalressourcen
3. Knappe Finanzressourcen
4. Verfügbarkeit von Daten: Verfügbare Daten sind die Basis für das Lernen der KI-Anwendungen.

Ein Großteil der Herausforderungen und der Kosten liegt in der Verarbeitung von Daten, z. B. in der Aufbereitung der Trainingsdaten oder der Verwaltung der gelernten Modelle – auch im Hinblick auf Reproduzierbarkeit, Nachvollziehbarkeit und Transparenz. Die Technologien entlang der Datenwertschöpfungskette (Informationsextraktion, Integration, Modellbildung, skalierbares Datenmanagement) sind daher ein wichtiger Wegbereiter für Lernende Systeme [96]. Der Amortisationszeitraum von KI-Projekten wird von der überwiegenden Mehrheit der Befragten kürzer als zwei Jahre eingeschätzt. Dies ist das Ergebnis von über 200 Experteninterviews in Deutschland. Interessant dabei ist, dass die Einschätzung des kurzen Zeitraumes mit der Erfahrung mit KI-Technologien steigt. 71 % der Befragten, die sich als KI-Starter einstufen, gehen von weniger als zwei Jahren für die Amortisation aus. Bei den KI-Erfahrenen sind es schon 83 % und 89 % der Experten rechnen mit zwei Jahren und kürzer, bis sich die Investitionen bezahlt gemacht haben [18].

Vorteile des Mittelstandes

KMU verfügen neben den Herausforderungen, denen sie sich stellen müssen, auch über eine ganze Reihe von Vorteilen:

1. Ein gutes Gefühl für das richtige Timing: Mittelständische Unternehmen haben auch in der Vergangenheit immer wieder gezeigt, dass sie ein gutes Gefühl für den richtigen Zeitpunkt haben, wenn es darum geht, sich mit der Umsetzung von neuen Technologien zu befassen.
2. Vorbild der UnternehmerInnen motiviert
3. Kurze Entscheidungszyklen
4. Schnelle Umsetzung
5. Vorhandene Risikobereitschaft: Während in großen Unternehmen oft auch bei Innovationen sehr schnell die Frage nach dem Return on Investment (ROI) gestellt wird, ist man in inhabergeführten Unternehmen auch mal bereit, ein begrenztes Risiko einzugehen, ohne dass am Anfang genau absehbar ist, wie brauchbar das Ergebnis sein wird.

Erfolgsfaktoren

Eine der wichtigsten Voraussetzungen für Innovationen ist die Freude, etwas verbessern zu können sowie ein offenes Mindset. Sie ist die Triebfeder für Veränderung. Natürlich können auch der technologische Wandel und der daraus resultierende Wettbewerbsdruck zum initialen Faktor für Innovationsvorhaben werden. Auch die Verantwortung gegenüber den GesellschafterInnen, MitarbeiterInnen und Partnerunternehmen, die Zukunft zu sichern, ist eine wichtige Triebfeder. Wenn allerdings die Freude an Verbesserungen und Innovationen fehlt, wird es schwierig, wie ausgefeilt und gut geplant das Vorgehen auch immer sein mag. Viele mittelständische Unternehmen haben sich in der Vergangenheit immer wieder den Veränderungen gestellt und sie erfolgreich bewältigt, vor allem, indem sie Innovationen vorantreiben.

Kundennähe ist der nächste wichtige Aspekt, den wir betrachten möchten. Mittelständische Unternehmen zeichnen sich u. a. dadurch aus, dass jeder Mitarbeiter weiß, für wen die Produkte hergestellt und Dienstleistungen erbracht werden. Die organisatorischen Strukturen und Prozesse sind überschaubarer und der Bezug zu den Kunden ist in allen Teilen erkennbar. Hidden Champions zeichnen sich u. a. durch eine signifikant hohe Kundennähe aus [37]. So können Verbesserungen gemeinsam mit den Anforderungen der Kunden umgesetzt werden und dadurch auch neue Produkte und Dienstleistungen entstehen.

Überschaubare Produkt- und Dienstleistungsstrukturen sind ebenfalls sehr hilfreich, um sinnvolle Einsatzzwecke von KI-Lösungen zu identifizieren. Die hohe Wertschöpfungstiefe, durch die sich viele inhabergeführte Unternehmen auszeichnen und die auch ein besonderes Merkmal der Hidden Champions sind [37], ermöglichen, Neuerungen schnell einzuführen ohne dass langfristige Abstimmungsprozesse mit Lieferanten und Partnern notwendig sind.

Gerade in mittelständischen Unternehmen kommt der Vorbildfunktion der UnternehmerInnen eine besondere Bedeutung zu. Die Einführung von neuen Technologien ist immer mit Risiken verbunden und wird oft von Zweifeln und Ängsten begleitet. In dieser Situation zu sehen, dass die führenden Personen diesen Prozess aktiv unterstützen und auch die Verantwortung für ein mögliches Scheitern übernehmen, entspannt die Situation und ist die Basis für die produktive Zusammenarbeit in Veränderungsprozessen. Neben der Förderung durch das Management ist es sehr hilfreich und im Mittelstand zwingend notwendig, selbst in den Projekten und Vorhaben mitzuarbeiten und sich nicht auf die Rolle des Lenkungsausschusses zurückzuziehen. Diese Form der Zusammenarbeit hilft nach innen in den Projekten und motiviert alle Beteiligten und nach außen, indem den Gegnern ein klares Zeichen gesetzt wird.

Eine zentrale Frage bei der Einführung von KI-Lösungen ist, wie der Sprung aus den Pilotprojekten zu relevanten Unternehmens-KI-Anwendungen gelingt. Bei der Auswahl der Pilotprojekte ist darauf zu achten, ob es sich um reine Software-Projekte handelt oder auch Hardware wie z. B. Roboter angesteuert werden. Während bei reinen Software-Projekten im Fall von Fehlern ein Rollback in der Regel einfach möglich ist, können die Auswirkungen bei der Steuerung von Maschinen gravierend sein und es kann zu physischen Zerstörungen kommen. Neue Software-Releases können kurzfristig eingespielt und aktiviert werden, der Bau oder die Anpassung neuer Hardware dauert hingegen in der Regel deutlich länger.

Das führt zu der nächsten Frage: Wie gehen wir mit Widerständen und Gegnern um? Es ist damit zu rechnen, dass auch bei bester Vorbereitung, abgestimmter Vorgehensweise und Involvierung aller Stakeholder im Rahmen der Vorhaben mit offenen oder auch verdeckten Widerständen zu rechnen ist. Die Motivation für den Widerstand als hemmender und blockierender Impuls kann vielfältig sein [64]. Es gilt darauf zu achten, in konstruktive und destruktive Beiträge zu unterscheiden. Die Königsdisziplin besteht darin, Widerstand in Motivation für die Projekte umzumünzen. Dies wird allerdings nicht für jede Art von Kritik und Widerstand möglich sein, sodass man letztendlich auch den Dissens zulassen kann. In diesem Fall hilft es zu verdeutlichen, dass man die Kritik verstanden hat. Auch die Risiken des Scheiterns müssten konkret benannt und hinsichtlich ihrer Eintrittswahrscheinlichkeit und Auswirkungen transparent bewertet werden, sodass auf dieser Basis entsprechende Maßnahmen abgeleitet werden können. Zu einer umfassenden Risikobewertung gehört allerdings auch, das Risiko zu benennen, ein KI-Projekt gar nicht oder später zu starten und damit potenzielle Wettbewerbsnachteile in Kauf zu nehmen.

Es hilft auch aufzuzeigen, wo in unserem beruflichen und privaten Leben bereits KI-Lösungen zum Einsatz kommen.

Vorgehen

Letztendlich sind die fünf einfachen Fragen zu Beginn jedes KI-Projektes zu beantworten:

Warum?
Warum müssen wir uns mit dem Thema KI beschäftigen?

Was?

Welche internen Prozesse und welche unserer Produkte und Dienstleistungen könnten weiter verbessert werden? Was könnten wir ggf. komplett neugestalten und wo haben wir den notwendigen Zugang zu den Daten?

Wie?

Wie können wir den Prozess zur Einführung und Nutzung so kurz wie möglich gestalten? Auf welchen KI-Plattformen bauen wir auf? Wie können wir die Einführung finanzieren? Wie verankern wir KI und den Aufbau des notwendigen Know-hows bei uns im Unternehmen?

Wer?

Wer lässt sich für Innovationen begeistern, verfügt zudem über die notwendige Fachexpertise und ist im Unternehmen gut verankert, sodass sein Work Gewicht hat. Wie sieht das Team mit den involvierten Abteilungen aus?

Wann?

Wann können wir starten und bis wann können wir realistischerweise erste Ergebnisse erwarten? Im Zweifelsfall sind schnelle Lösungen mit einem eingeschränkten Funktionsumfang zu bevorzugen.

Nachdem die aufgeführten Fragen im Vorfeld beantwortet wurden, lässt sich das Vorgehen in folgende Phasen gliedern:

1. Starten und über das Thema auf allen Ebenen im Unternehmen sprechen.
2. Machbarkeit: Was ist ein realistisches Einsatzszenario? Wichtig hierbei ist, die Erwartungshaltung zu steuern und das Szenario an die technischen und finanziellen Möglichkeiten anzupassen.
3. Daten: Wo bekommen wir die Daten her und in welcher Qualität stehen sie zur Verfügung?
4. Modelle: Welche Modelle/Algorithmen werden gebraucht? Auf welchen Vorlagen/Modellen kann man aufsetzen? Wie werden die „Make oder Buy" Entscheidungen getroffen, ohne dass wir uns in der frühen Phase von einem Anbieter abhängig machen? Wie werden die Modelle trainiert und wie vermeiden wir Technologiebrüche?
5. KI-Kompetenzaufbau, -Weiterentwicklung und Anwendereinbindung: Wie wird die Zusammenarbeit mit den Anwendern organisiert und wie kann das Nutzer-Feedback in allen Phasen berücksichtigt werden?

Starten

Während einige Experten empfehlen, erst einmal eine Strategie zu KI zu entwickeln, Prozesse zu analysieren, KPIs zu definieren und dadurch ein Projekt gut und sauber vorzubereiten, ist für mittelständische Unternehmen auch ein anderes Vorgehen möglich, das sich kurz zusammenfassen lässt mit: „Einfach mal starten und nicht so schnell aufgeben."

Natürlich müssen sich besonders die Entscheidungsträger zunächst in das Thema einarbeiten und informieren. Idealerweise geschieht dies auf Augenhöhe mit einigen Mitarbeitern, die ihr Interesse an dem Thema kundtun. Es hat sich bewährt, in dieser frühen Phase auf Freiwilligkeit zu setzen und die intrinsisch motivierten Mitarbeiter zu finden, die Interesse an dem Thema haben. Der unternehmensinterne Aufbau von KI-Kompetenz ist die Basis für die zukünftige erfolgreiche Nutzung von KI. Letztendlich ist es oft einfacher, den Fachexperten mit langjähriger Erfahrung in ihren jeweiligen Bereichen die Prinzipien des Machine Learning beizubringen, als den in ML ausgebildeten Berufseinsteiger in das umfangreiche fachliche Know-how einzuarbeiten.

Eine Herausforderung in dieser Phase besteht darin, aufgrund der Entwicklungen der vergangenen Jahre die zukünftigen Möglichkeiten zeitgenau abzusehen. Wenn man gerade im Bereich der KI die Vorhersagen der Vergangenheit bzgl. der zukünftigen Entwicklung anschaut und die vorhergesagten Zeitpunkte mit den Zeitpunkten, wann eine neue Lösung zur Verfügung stand, vergleicht, wird man große Abweichungen entdecken. Manchmal ging es sehr viel schneller als gedacht und manchmal hat es deutlich länger gedauert als prognostiziert.

Dieser Aspekt der Vorhersagbarkeit ist allerdings für das einzelne mittelständische Unternehmen von nicht so erheblicher Bedeutung im Hinblick auf den Markt, da es den Wettbewerbern nicht anders geht und auch Start-ups die zeitliche Entwicklung immer mal wieder falsch einschätzen. Für die Ressourcenbereitstellung ist die Frage jedoch relevant.

Machbarkeit

Für Unternehmen des Mittelstandes ist es aufgrund der begrenzten Ressourcen sowohl in finanzieller als auch in personeller Hinsicht besonders wichtig, ein realistisches Erwartungsmanagement zu betreiben. Grundlegende Voraussetzung ist hierbei, die aktuelle technologische Machbarkeit zu prüfen und zu bewerten. Man kann sicher darüber streiten, ob die Aussage stimmt, dass KI bahnbrechender sein wird als Elektrizität [14]. Unbestritten ist allerdings schon heute, dass wir große Änderungen bereits sehen, die auf der Nutzung von KI basieren.

Um die Machbarkeit zu prüfen, sollten grundsätzliche alle Unternehmensbereiche im ersten Schritt betrachtet werden:

- Logistik
- Produktion
- Beschaffung und Einkauf
- Unternehmensinfrastruktur und Personalwesen
- Service und Kundenmanagement
- Marketing und Vertrieb
- Qualitätskontrolle und -sicherung

Allerdings gilt es, sich im zweiten Schritt möglichst schnell auf konkrete Szenarien und Use Cases zu konzentrieren, die von hoher wettbewerblicher Relevanz sind.

Daten

Bei dieser Überprüfung des technisch Machbaren muss ein besonderes Augenmerk auf die verfügbare Datenqualität gelegt werden. Um die Überprüfung zielgerichtet durchführen zu können, ist es hilfreich zu wissen, welche Bedeutung die Daten für das eigene Geschäftsmodell haben. Folgende drei Typen an datenbasierten Geschäftsmodellen lassen sich nach Hilbig [46] unterscheiden:

- „Das **Low Data Business Model** nutzt kaum digitale Technologien. Daten werden gar nicht oder nur in geringem Umfang erhoben und sie dienen nur zur Steuerung der Prozesse zur Erstellung der Produkte oder Dienstleistungen. Es handelt sich dabei um eher klassische Geschäftsmodelle für Produkte und Dienstleistungen. Zudem sind die eingesetzten Applikationen eher CRM- und ERP-Systeme.
- Beim **Data-Enhanced Business Model** werden Produkte bzw. Dienstleistungen mit digitalen Technologien kombiniert. Die generierten Daten werden genutzt, um

das Produkt bzw. die Dienstleistung zu optimieren und zu erweitern. Als Beispiel kann können Verleiher von Produkten genannt werden, die diesen Service per App anbieten.

- Das **Pure Data-Driven Business Model** ist die dritte Variante. Hier werden Daten als Schlüsselressource genutzt, um verschiedene Arten von digitalen Produkten bzw. Dienstleistungen zu erzeugen. Umgesetzt sehen wir dieses Geschäftsmodell bei den großen digitalen Plattformen. Durch Prozesse wie Datenaggregation, Datenanalyse und Datenverarbeitung werden neue Werte für Kunden generiert – und letztendlich auch Einnahmen."

Die Entwicklung der letzten Jahre zeigt, dass viele Unternehmen ihre Geschäftsmodelle von „Low Data" zu „Data- Enhanced" Modellen transformieren. Dies ist besonders zu beobachten, sobald z. B. der Vertrieb über digitale Kanäle forciert wird.

Bei den reinen Data-Driven Geschäftsmodellen ist das Potenzial des möglichen KI-Einsatzes in den Kernprozessen am größten, beispielsweise in der Finanzindustrie. Es besteht die Möglichkeit, erhebliche Teile der wertschöpfenden Prozesse durch KI teilweise oder komplett zu ersetzen [8].

Modelle

Während der Planung und Konzeption steht die strategische Entscheidung für das angestrebte Umsetzungsmodell an. Hierzu stehen gemäß der Plattform Lernende System die folgenden drei Alternativen zur Auswahl [66]:

Proprietäre KI-Lösung

Sie empfiehlt sich, wenn die Technologie eine Kernkompetenz des Unternehmens darstellt, (sensible) Daten nicht nach außen geteilt werden sollen oder es keine KI-Software am Markt gibt, die den Anforderungen des Unternehmens entspricht. Eigene KI-Lösungen setzen Know-how im Unternehmen voraus und sind mit hohen Kosten verbunden. Für viele Mittelständler scheinen sie daher ungeeignet zu sein [66].

KI-as-a-Service

Die sogenannte passive KI-Nutzung ermöglicht einen schnellen Einstieg sowie das Testen verschiedener KI-Services. Gerade für KMU ist sie attraktiv, da dort häufig Rechenkapazitäten und Datenstruktur für eigene KI-Projekte fehlen. Allerdings stehen die Services auch Mitbewerbern zur Verfügung und bieten langfristig kaum Wettbewerbsvorteile. Zudem erfordern sie individuelle Anpassungen und IT-Kenntnisse, da viele KI-Services auf große Mittelständler ausgerichtet sind [66].

Kooperationen mit Anwendungspartnern
Um Kosten zu sparen und vom Know-how anderer zu profitieren, bietet sich die Zusammenarbeit mit KI-Start-ups, Hochschulen oder Forschungsinstitutionen an. Raum für einen derartigen Austausch bieten bundesweit zahlreiche Transferzentren. Dort finden Mittelständler häufig auch Unterstützung von spezialisierten KI-Trainerinnen und Trainern, die dabei helfen, die Wirkmechanismen von KI für das eigene Unternehmen besser zu verstehen [66].

KI-Kompetenzaufbau und Anwendereinbindung:
Das Vermitteln von Wissen zu KI und Machine Learning gehört in jede innerbetriebliche Ausbildung und in das Onboarding von neuen Mitarbeitern. Auch auf diesem Weg wird man als Organisation dazu „gezwungen", sich mit dem Thema auseinanderzusetzen und zu definieren, welche Bedeutung dies für das eigene Unternehmen und die Branche hat, in der man tätig ist.

Neben dem notwendigen Aufbau von branchenübergreifenden Zusatzqualifikationen werden auch neue Fortbildungsabschlüsse mit KI-Bezug entwickelt. Im Rahmen der Weiterbildung wird aufgezeigt, wie sich sowohl die Produkte und Dienstleistungen als auch die innerbetrieblichen Prozesse verändern können [51].

Das verfügbare Aus- und Weiterbildungsangebot wächst kontinuierlich. Die Akademie des Bundesverbandes Informationswirtschaft, Telekommunikation und neue Medien (Bitkom) bietet z. B. berufsbegleitend gemeinsam mit dem DFKI als Zertifikatslehrgang die Ausbildung zum KI-Manager an [10]. Darüber hinaus gibt es mittlerweile eine Vielzahl an Aus- und Weiterbildungsmöglichkeiten, die online verfügbar sind. Einen guten Überblick geben Weber und Seeberg [90].

Ausblick 6

Folgende Tendenzen sind bei der zukünftigen Entwicklung der KI zu erwarten bzw. schon jetzt zu beobachten:

1. Zugangshürden werden niedriger durch SaaS-Lösungen (MLaaS)
2. Fertige Modelle und Algorithmen werden als Open Source verfügbar sein
3. Der Reifegrad der verfügbaren Modelle steigt
4. Die Anzahl der notwendigen Daten wird weniger
5. Miniaturisierung von Hardware, Algorithmen und Software
6. Zertifizierungen und sichere KI werden zunehmend eine größere Rolle spielen
7. Das verfügbare Know-how zu KI steigt in allen Bereichen
8. KI-getriebene Disruption und inkrementelle Innovation schließen sich nicht aus
9. Auto ML erleichtert den Einstieg
10. Wissen zu teilen und voneinander zu lernen wird immer einfacher
11. Vertrauen und Akzeptanz der KI werden steigen
12. Neue Ansätze zum Kompetenzaufbau und -erhalt sind notwendig
13. Es ist jetzt der richtige Zeitpunkt, KI-Lösungen im Unternehmen einzuführen

Im Folgenden werden die aufgeführten Entwicklungen im Detail beschrieben:

1. Durch den immer einfacheren Zugang zu KI-Lösungen, die in Form von Software-as-a-Service (SaaS) angeboten werden, können auch Unternehmen mit kleinen Budgets ohne große Vorab-Investitionen die Nutzung starten.
2. Wie in den vielen anderen Bereichen der Software-Lösungen werden die Anzahl und der Reifegrad der verfügbaren Open-Source-Lösungen weiter steigen (z. B. [43]).

© Der/die Autor(en), exklusiv lizenziert durch Springer Fachmedien
Wiesbaden GmbH, ein Teil von Springer Nature 2021
M. Haarmeier, *Künstliche Intelligenz für den Mittelstund,* essentials,
https://doi.org/10.1007/978-3-658-36085-6_6

3. Der Reifegrad der verfügbaren KI-Lösungen steigt. Gerade für den Mittelstand bietet es sich in vielen Bereichen an, auf eine „Fast-Follower" Strategie zu setzen und in deren Rahmen vorhandene Anwendungen einzuführen, die ihre Funktions- und Zweckmäßigkeit bereits gezeigt haben (z. B. [34]).

4. Um passgenaue KI-Lösungen zu entwickeln, ist die Verfügbarkeit relevanter Trainingsdaten in ausreichender Anzahl und Qualität essenziell. Unter dem Begriff „Informed Machine Learning" werden Verfahren entwickelt, die Experten ermöglichen, ihr Wissen im ML-Trainingsprozess einzubringen, sodass dieser robust und verständlich arbeiten kann, auch wenn nur wenig Trainingsdaten zur Verfügung stehen [33].

5. Es zeichnet sich ein neuer Trend zu speicher-, rechen- und energieeffizienteren maschinellen Lernalgorithmen ab. Die bestehenden Modelle des maschinellen Lernens werden weiter optimiert, sodass weniger Rechenleistung notwendig ist, um sie auszuführen. Dies eröffnet die Möglichkeit, sie auf kleinen Systemen ausführen, und dadurch sinkt die Investitionsschwelle einerseits und es erhöhen sich damit andererseits sehr stark die möglichen Einsatzgebiete [71]. Tiny Machine Learning ist definiert als ein schnell wachsender Bereich maschineller Lerntechnologien und -anwendungen, der Hardware (spezielle integrierte Schaltungen), Algorithmen und Software umfasst, die in der Lage sind, die Datenanalyse von Sensoren auf dem Gerät bei einem extrem niedrigen Stromverbrauch durchzuführen, der typischerweise im mW-Bereich und darunter liegt, und somit eine Vielzahl von „always-on"-Anwendungen ermöglicht und auf batteriebetriebene Geräte ausgerichtet ist [84].

6. Für risikobehaftete KI-Anwendungen wird es Prüfzertifikate [86] geben, um die hohen Sicherheitsanforderungen zu erfüllen. Die Sicherheit der kognitiven Systeme wird mithilfe von Analysen und Maßnahmen weiter verbessert, um den individuellen Sicherheitsanforderungen oder den jeweiligen Normen zu entsprechen [35].

7. Die Verfügbarkeit von Know-how zur KI steigt täglich in Form von Trainings, Ausbildungsgängen, Lösungs- und Dienstleistungsanbietern und Beispielen, wo KI-Lösungen erfolgreich eingesetzt wurden. Die Basis von anderen zu lernen war noch nie so gut möglich wie aktuell.

8. KI-Lösungen haben das Potenzial, vorhandene Prozesse obsolet zu machen und ganze Unternehmen vom Markt zu verdrängen, indem komplett neue Wertschöpfungsprozesse geschaffen werden. Gerade der Mittelstand zeigt immer wieder, wie schnell inkrementelle Prozessverbesserungen umgesetzt werden können, hier kann die Einführung von KI-Lösungen ansetzen.

9. Automatisiertes maschinelles Lernen stellt Methoden und Prozesse bereit, um maschinelles Lernen für Nicht-Maschinenlern-Experten zugänglich zu machen, die Effizienz des maschinellen Lernens zu verbessern und die Forschung zum maschinellen Lernen zu beschleunigen. Dabei werden Standardmethoden des maschinellen Lernens entwickelt, die folgende Aufgaben übernehmen können [6]:
   - Vorverarbeitung und Bereinigung der Daten
   - Auswählen und Konstruieren geeigneter Merkmale
   - Auswahl einer geeigneten Modellfamilie
   - Optimieren der Modell-Hyperparameter
   - Entwurf der Topologie von neuronalen Netzen (wenn Deep Learning verwendet wird)
   - Modelle für maschinelles Lernen nachbearbeiten
   - Kritische Analyse der erzielten Ergebnisse

10. In einigen Branchen (z. B. in der Luftfahrt) werden bereits in Datenbanken Fehler und Zwischenfälle gesammelt, um die Sicherheit zu verbessern. KI-Systeme verursachen derzeit Schäden in der realen Welt, ohne dass ein kollektives Gedächtnis für ihre Fehler besteht. Um sicherzustellen, dass intelligente Systeme für die Menschen und die Gesellschaft von Nutzen sind, ist eine Sammlung von Fehlern/Zwischenfällen hilfreich, um daraus zu lernen. In der KI-Störungsdatenbank werden die KI-Störfälle gesammelt. Die Datenbank unterstützt eine Vielzahl von Forschungs- und Entwicklungsanwendungsfällen [3].

11. Das Vertrauen in durch AI-Lösungen getroffene und kuratierte Entscheidungen wird weiter wachsen, da die Ansätze zur explainable AI, responsible AI und trusted AI bereits zu Beginn der Entwicklung neuer Lösungen berücksichtigt werden [7].

12. Wir müssen neue Ansätze entwickeln, wie wir Menschen in Zeiten des Machine Learning unsere Kompetenzen weiter ausbauen, um das Verhalten und die Ergebnisse der KI-Lösung zu bewerten. Wenn aktuell z. B. ein guter Wirtschaftsprüfer sich durch jahrelange Prüfung von Jahresabschlüssen mit einem hohen Anteil an Routinetätigkeiten das aktuelle Know-how aufgebaut hat, ist in Zukunft darauf zu achten, dass der Know-how-Aufbau auch ohne die langjährigen Routinetätigkeiten möglich ist.

13. Jetzt ist genau der richtige Zeitpunkt, sich mit dem Einsatz von KI-Lösungen in mittelständischen Unternehmen zu beschäftigen, um Wettbewerbsvorteile zu sichern. Der Zugang zu den notwendigen Ressourcen wurde in den letzten Jahren massiv vereinfacht. Als Fast-Follower kann man von einer Vielzahl

an KI-Projekten lernen und zurzeit ist in vielen Bereichen der zu erwartende Druck von Wettbewerbern noch nicht spürbar. Getreu dem Motto „An der Spitze ist immer Platz" ist aktuell der Zeitpunkt günstig, in den jeweiligen Industrien und Märken auch aus der zweiten und dritten Reihe an die jeweilige Spitzenposition zu springen, wenn jetzt die richtigen Weichen zum Einsatz von KI gestellt werden.

Literatur

1. AIT Austrian Institute of Technology GmbH (2021) Über das AIT – AIT Austrian Institute Of Technology. https://www.ait.ac.at/ueber-das-ait. Zugegriffen: 24. Aug. 2021
2. Alsabah N (2020) KI-Forschung in Deutschland – Der schwere Weg zu 100 neuen KI-Professuren, Bd 2020. Bitkom e. V., Berlin
3. Artificial Intelligence Incident Database (2021) Welcome to the artificial intelligence incident database. https://incidentdatabase.ai/. Zugegriffen: 13. Sept. 2021
4. Ärzte Zeitung (2019) „Künstliche Intelligenz" schlägt Hautärzte bei Krebsdiagnose. https://www.aerztezeitung.de/Medizin/Kuenstliche-Intelligenz-schlaegt-Hautaerzte-bei-Krebsdiagnose-256254.html. Zugegriffen: 31. Juli 2021
5. Automationspraxis (2020) Trumpf gründet Cloud- und KI-Start-ups aus. https://automationspraxis.industrie.de/industrie-4-0/trumpf-gruendet-cloud-und-ki-start-ups-aus/. Zugegriffen: 26. Sept. 2021
6. AutoML.org (2021) AutoML. https://www.automl.org/automl/. Zugegriffen: 17. Sept. 2021
7. Barredo Arrieta A, Díaz-Rodríguez N, Del Ser J, Bennetot A, Tabik S, Barbado A, Garcia S, Gil-Lopez S, Molina D, Benjamins R, Chatila R, Herrera F (2020) Explainable artificial intelligence (XAI): concepts, taxonomies, opportunities and challenges toward responsible AI. Inf Fusion 58:82–115. https://doi.org/10.1016/j.inffus.2019.12.012
8. Barton T, Müller C (2021) Künstliche Intelligenz in der Anwendung. Springer Fachmedien, Wiesbaden
9. Berg A (2021) Künstliche Intelligenz – Wo steht die deutsche Wirtschaft? Bitkom e.V., Berlin
10. Bitkom Akademie (2021) Ausbildung zum KI Manager – Grundlagen Künstlicher Intelligenz und Anwendungspotenziale für Unternehmen. https://www.bitkom-akademie.de/zertifikatslehrgang/ausbildung-zum-ki-manager. Zugegriffen: 24. Aug. 2021
11. BMC Blogs (2021) Gartner's AI maturity model: how AI can work for you. https://www.bmc.com/blogs/ai-maturity-models/. Zugegriffen: 30. Apr. 2021
12. BMWI (2021) Digitaler Reifegrad. https://www.mittelstand-digital.de/MD/Redaktion/DE/Dossiers/A-Z/digitaler-reifegrad.html. Zugegriffen: 30. Apr. 2021

13. Brandt M (2019) Künstliche Intelligenz rechnet sich. https://de.statista.com/infogr afik/16992/umsatz-der-in-deutschland-durch-ki-anwendungen-beeinflusst-wird/. Zugegriffen: 6. Mai 2021

14. Business IW (2021) KI-Evangelist Lee: „Künstliche Intelligenz wird bahnbrechender als Elektrizität". https://www.internetworld.de/marketing-trends/ki-evangelist-lee-kue nstliche-intelligenz-bahnbrechender-elektrizitaet-1669750.html. Zugegriffen: 30. Juli 2021

15. Chrabaszcz P, Loshchilov I, Hutter F (2018) Back to basics: benchmarking canonical evolution strategies for playing Atari, Universität Freiburg

16. Zhang D, Mishra S, Brynjolfsson E, Etchemendy J, Ganguli D, Grosz B, Lyons T, Manyika J, Niebles J, Sellitto M, Shoham Y, Clark J, Perrault R (2021) The AI index 2021 annual report. AI Index Steering Committee, Human-Centered AI Institute, Stanford University, Stanford, CA, March 2021

17. Deepmind (2021) Research. https://deepmind.com/research. Zugegriffen: 11. Aug. 2021

18. Deloitte (2020) State of AI in the enterprises. Ergebnisse der Befragung von 200 AI-Experten zu Künstlicher Intelligenz in deutschen Unternehmen, 3. Aufl. Deloitte

19. Deng L (2018) Artificial intelligence in the rising wave of deep learning: the historical path and future outlook. IEEE Signal Process Mag 35(1):177–180. https://doi.org/10.1109/MSP.2017.2762725

20. Deutsches Zentrum für Luft- und Raumfahrt e. V. (2019) Künstliche Intelligenz im DLR. Deutsches Zentrum für Luft- und Raumfahrt e. V. (DLR), Berlin

21. Deutsches Zentrum für Luft- und Raumfahrt e. V. (2021) KI für KMU. https://www.sof twaresysteme.pt-dlr.de/de/ki-fuer-kmu.php. Zugegriffen: 14. Sept. 2021

22. Deutschlandfunk (2021) Algorithmen im Fokus – Überholt China die USA bei der Künstlichen Intelligenz? https://www.deutschlandfunk.de/algorithmen-im-fokus-ueb erholt-china-die-usa-bei-der.676.de.html?dram:article_id=495101. Zugegriffen: 31. Juli 2021

23. DFKI (2021) KI für den Menschen – Intelligente Lösungen für die Wissensgesellschaft. https://www.dfki.de/web/. Zugegriffen: 16. Aug. 2021

24. Dolhansky B, Howes R, Pflaum B, Baram N, Ferrer CC (2019) The deepfake detection challenge (DFDC) preview dataset. arxiv.org

25. Dowling Mea (2021) KI im Mittelstand. Potenziale erkennen, Voraussetzungen schaffen, Transformation meistern, Juni 2021. Lernende Systeme – Die Plattform für Künstliche Intelligen

26. EPFL (2021) Laboratory of intelligent systems – EPFL. www.epfl.ch. Zugegriffen: 14. Sept. 2021

27. ETH AI Center (2021) ETH AI Center. https://ai.ethz.ch/about-us.html. Zugegriffen: 14. Sept. 2021

28. ETH Zurich Autonomous Systems Lab (2021) The lab. https://asl.ethz.ch/. Zugegriffen: 14. Sept. 2021

29. Eui-Suk Chung (2021) Bixby 2.0: Start des nächsten Paradigmenwechsels für den „smarten" Alltag. https://news.samsung.com/de/bixby-2-0-start-des-nachsten-paradi gmenwechsels-fur-den-smarten-alltag. Zugegriffen: 31. Juli 2021

30. Felk W (2021) Deutschlands Unis nehmen Kurs auf KI. https://www.faz.net/aktuell/ karriere-hochschule/hoersaal/wie-deutschland-die-lehre-ueber-und-mit-ki-an-unis-foe rdern-will-17395099.html. Zugegriffen: 13. Aug. 2021

31. Fischer S-C (2018) Künstliche Intelligenz: Chinas Hightech-Ambitionen. CSS Analysen zur Sicherheitspolitik (220)
32. Fraunhofer Austria (2021) Innovationszentrum für Digitalisierung und Künstliche Intelligenz KI4LIFE. https://www.fraunhofer.at/de/zusammenarbeit/digitalisierung-und-kue nstliche-intelligenz.html. Zugegriffen: 24. Aug. 2021
33. Fraunhofer Cluster of Excellence Cognitive Internet Technologies (2021) Forschungszentrum Maschinelles Lernen. https://www.cit.fraunhofer.de/de/zentren/maschinelleslernen.html. Zugegriffen: 18. Sept. 2021
34. Fraunhofer IAO I Digital Business (2021) KI-Toolbox für Macher. https://www.digital. iao.fraunhofer.de/de/leistungen/KI/SmartAIwork/SmartAIwork1.html. Zugegriffen: 18. Sept. 2021
35. Fraunhofer IKS (2021) Safety Engineering – Magazin des Fraunhofer-Instituts für Kognitive Systeme IKS. https://safe-intelligence.fraunhofer.de/safety-engineering. Zugegriffen: 16. Aug. 2021
36. Fraunhofer IKS (2021) Magazin des Fraunhofer-Instituts für Kognitive Systeme IKS. https://safe-intelligence.fraunhofer.de/themen. Zugegriffen: 16. Aug. 2021
37. Gabler Wirtschaftslexikon (2021) Definition hidden champions. https://wirtschaftsl exikon.gabler.de/definition/hidden-champions-54015/version-277074. Zugegriffen: 30. Juli 2021
38. Gläß R (2018) Künstliche Intelligenz im Handel 1 – Überblick. Springer Fachmedien, Wiesbaden
39. Gläß R (2018) Künstliche Intelligenz im Handel 2 – Anwendungen. Springer Fachmedien, Wiesbaden
40. Google Cloud Blog (2021) Leitfaden zum Machine Learning (ML) für Anfänger I Google Cloud Blog. https://cloud.google.com/blog/de/products/ki-machine-learning/leitfa den-zum-unkomplizierten-machine-learning-fur-anfanger. Zugegriffen: 11. Aug. 2021
41. Götz M (2021) Helmholtz AI consultants @ Karlsruhe Institute of Technology. https:// www.helmholtz.ai/themenmenue/our-research/consultant-teams/helmholtz-ai-consul tants-kit/index.html. Zugegriffen: 24. Aug. 2021
42. Gruesbeck M (2021) Publications – salesforce research. https://einstein.ai/research/pub lications. Zugegriffen: 15. Sept. 2021
43. H2O.ai (2021) Insurance I H2O.ai. https://www.h2o.ai/insurance/. Zugegriffen: 17. Sept. 2021
44. Hanussek Mea (2021) Cloudbasierte KI-Plattformen. Chancen und Grenzsen von Diensten für Machine Learning as a Service, 03/2021. Fraunhofer-Institut für Arbeitswirtschaft und Organisation IAO
45. Hellge V (2021) Readiness-Check Digitalisierung
46. Hilbig R (2021) Aufstieg datenbasierter Geschäftsmodelle in Berlin – BMBF Digitale Zukunft. https://www.bildung-forschung.digital/de/aufstieg-datenbasierter-gescha eftsmodelle-in-berlin-2426.html. Zugegriffen: 30. Juli 2021
47. Hochreiter S (2019) Academia Superior Zukunftsdatenbank. https://wiki.academia-sup erior.at/zitate/kuenstliche-intelligenz-wird/. Zugegriffen: 19. Apr. 2021
48. IDC: The Premier Global Market Intelligence Company (2021) European AI spending will reach $12B in 2021 as the technology remains resilient throughout the pandemic, says IDC. https://www.idc.com/getdoc.jsp?containerId=prEUR147562021. Zugegriffen: 13. Aug. 2021

49. Idiap Research Institute (2021) Idiap Research Institute. https://www.idiap.ch/en. Zugegriffen: 14. Sept. 2021
50. IDSIA- Dalle Molle Institute for Artificial Intelligence (2021) IDSIA- Dalle Molle Institute for Artificial Intelligence. https://www.idsia.ch/idsia_en/research.html. Zugegriffen: 14. Sept. 2021
51. IHK Reutlingen (2021) Einzelansicht. https://www.reutlingen.ihk.de/presse/mitteilung/die-ki-fachkraefte-von-morgen/. Zugegriffen: 24. Aug. 2021
52. Ingo Siegert SM (2020) Sprachassistenten: Anwendungen, Implikationen, Entwicklungen: ITG-Workshop, Magdeburg, 3. März, (2020): [Abstractbook]. Otto von Guericke University Library, Magdeburg, Germany
53. Initiative for Applied Artificial Intelligence (2020) AI maturity model applied AI-AI-Journey-v10–2020
54. Institut für Mittelstandsforschung Bonn (2021) Definition Mittelstand. https://www.ifm-bonn.org/definition. Zugegriffen: 17. Apr. 2021
55. Jia Y, Ramanovich MT, Remez T, Pomerantz R (2021) Translatotron 2: robust direct speech-to-speech translation. arxiv.org
56. Metternich J, Biegel T, Cassoli BB, Hoffmann F, Jourdan N, Rosemeyer J, Stanula P, Ziegenbein A (2021) Künstliche Intelligenz zur Umsetzung von Industrie 4.0 im Mittelstand. acatech – Deutsche Akademie der Technikwissenschaften
57. Joanneum Research (2021) Forschung und Technologieentwicklung aus Österreich. https://www.joanneum.at/. Zugegriffen: 24. Aug. 2021
58. Johannes Kepler Universität Linz (2021) Institut für Machine Learning. https://www.jku.at/forschung/forschungs-dokumentation/forschungseinheit/286. Zugegriffen: 24. Aug. 2021
59. KfW (2021) Mittelstand ist der Motor der deutschen Wirtschaft. https://www.kfw.de/KfW-Konzern/KfW-Research/Mittelstand.html. Zugegriffen: 17. Apr. 2021
60. KI Bundesverband Deutschlands größtes KI-Netzwerk. https://ki-verband.de/geschafts fuhrung/. Zugegriffen: 9. Febr. 2021
61. Knight W (2018) KI knackt komplexes Computerspiel im Teamwork. https://www.heise.de/hintergrund/KI-knackt-komplexes-Computerspiel-im-Teamwork-4092655.html. Zugegriffen: 31. Juli 2021
62. Kommission der EU (NaN) SME definition – Internal Market, Industry, Entrepreneurship and SMEs – European Commission. https://ec.europa.eu/growth/smes/sme-defini tion_en. Zugegriffen: 30. Jan. 2021
63. Künstliche Intelligenz (2021) Künstliche Intelligenz bei Otto. https://www.otto.de/new sroom/de/k%C3%BCnstliche-intelligenz. Zugegriffen: 15. Sept. 2021
64. Lahninger P (2012) Widerstand als Motivation. Herausforderungen konstruktiv nutzen in Moderation, Training, Teamentwicklung, Coaching, Beratung und Schule, 3. Aufl. Ökotopia, Münster
65. Lernende Systeme – Die Plattform für künstliche Intelligenz (2021) KI im Mittelstand – PLS. https://www.plattform-lernende-systeme.de/mittelstand.html. Zugegriffen: 24. Apr. 2021
66. Lernende Systeme – Die Plattform für künstliche Intelligenz (2021) Einstieg. https://www.plattform-lernende-systeme.de/einstieg-383.html. Zugegriffen: 31. Juli 2021

67. Lernende Systeme – Die Plattform für künstliche Intelligenz (2021) KI-Landkarte Deutschland: rund 1000 Beispiele – PLS. https://www.plattform-lernende-systeme.de/ki-in-deutschland.html. Zugegriffen: 1. Aug. 2021

68. Lossau N (2017) KI: Computer lernt perfektes „Go"-Spielen ganz allein. https://www.welt.de/wissenschaft/article169782047/Diese-Super-Software-bringt-sich-uebermenschliche-Leistungen-bei.html. Zugegriffen: 31. Juli 2021

69. Management von KI (2020) Management von KI – Universität St. Gallen. https://ai.iwi.unisg.ch/#header. Zugegriffen: 14. Sept. 2021

70. Marr B (2020) Künstliche Intelligenz in Unternehmen, Bd 2020. Wiley-VCH Verlag GmbH & Co. KGaA, Berlin

71. Matthew Stewart PR (2020) Tiny machine learning: the next AI revolution – towards data science. Towards Data Science

72. McKinsey & Company (2018) Notes from the A frontier. Modeling the impact of AI on the world economy. McKinsey & Company, McKinsey Global Institute

73. McKinsey & Company (2018) Notes from the AI Frontie. Insights from hundreds of use cases. McKinsey Global Institute

74. Merantix Labs (2020) Institute of Computer Science at the University of St. Gallen Scaling Artificial Intelligence in Companies. The AI Canvas Methodology

75. Meyer L, Seitz M (2021) Erfolgsfaktoren im Mittelstand – Künstliche Intelligenz im Mittelstand. Deloitte Private

76. Microsoft (2015) Windows 10 ab dem 29. Juli verfügbar: Alle wichtigen Informationen auf einen Blick I News Center Microsoft. https://news.microsoft.com/de-de/windows_10_launch_infos/. Zugegriffen: 31. Juli 2021

77. Microsoft (2021) AI Builder – intelligente Automatisierung I Microsoft Power Automate. https://flow.microsoft.com/de-de/ai-builder/. Zugegriffen: 11. Aug. 2021

78. Nature Index (2021) Nature index 2020 artificial intelligence. https://www.natureindex.com/supplements/nature-index-2020-ai/tables/corporate. Zugegriffen: 13. Sept. 2021

79. OpenAI (2021) GPT-3 powers the next generation of apps. OpenAI. https://openai.com/blog/gpt-3-apps/. Zugegriffen: 02. Okt. 2021

80. PostEra (2021) PostEra, medicinal chemistry powered by machine learning. https://postera.ai/. Zugegriffen: 2. Okt. 2021

81. Scheer A-W (2018) Der zweite Aufguss ist stärker. Dinnerspeech anlässlich der Feier des 30-jährigen Bestehens des Deutschen Forschungszentrums für künstliche Intelligenz (DFKI) am 18. Oktober 2018 in Berlin

82. Statista (2021) In-depth: Artificial Intelligence 2020 I Statista. https://de.statista.com/statistik/studie/id/50489/dokument/artificial-intelligence/. Zugegriffen: 24. Apr. 2021

83. Stefan L (2017) Auswirkungen werden kurzfristig überschätzt, aber langfristig unterschätzt. https://www.nzz.ch/international/chancen-der-digitalisierung-auswirkungen-werden-kurzfristig-ueberschaetzt-aber-langfristig-unterschaetzt-ld.1293496. Zugegriffen: 30. Jan. 2021

84. tinyML Foundation (2021) We are tinyML. https://www.tinyml.org/about. Zugegriffen: 17. Sept. 2021

85. Tivani L (2020) What are Office 365 AI features? Ungoti, S.L.

86. TÜV TRUST IT GmbH Unternehmensgruppe TÜV AUSTRIA (2021) Künstliche Intelligenz auf dem Prüfstand – TÜV TRUST IT GmbH Unternehmensgruppe TÜV AUSTRIA. https://it-tuv.com/kuenstliche-intelligenz-auf-dem-pruefstand/. Zugegriffen: 17. Sept. 2021

87. VDMA Verband Deutscher Maschinen- und Anlagenbau e. V. (2021) Künstliche Intelligenz – Navigator durch die globale KI-Startup-Szene für den Maschinen- und Anlagenbau. https://www.werkstatt-betrieb.de/a/news/erfolgsfaktor-kuenstliche-intelligenz-316466

88. Völl W (2020) Hybrid-agiles Projekt-Management. Control Manag Rev 64(5):42–50. https://doi.org/10.1007/s12176-020-0121-7

89. Wagner A (2021) KI Kochbuch. Rezepte für den Einsatz Künstlicher Intelligenz in Unternehmen. BSP Business School Berlin – Hochschule für Management GmbH

90. Weber R, Seeberg P (2020) KI in der Industrie. Grundlagen, Anwendungen, Perspektiven. Hanser, München

91. Weber F (2021) Künstliche Intelligenz für Business Analytics. Springer Fachmedien, Wiesbaden

92. Wiggers K (2021) IDC: AI spending will reach $342B in 2021. https://venturebeat.com/2021/08/04/idc-ai-spending-will-reach-342b-in-2021/. Zugegriffen: 13. Aug. 2021

93. Williams J (2021) Max Planck Institute for Intelligent Systems. https://www.is.mpg.de/de. Zugegriffen: 16. Aug. 2021

94. Williams J (2021) European lab for learning & intelligent systems. https://ellis.eu/en. Zugegriffen: 4. Sept. 2021

95. Williams J (2021) Cyber valley. https://cyber-valley.de/. Zugegriffen: 15. Sept. 2021

96. Winter J (2020) Künstliche Intelligenz zum Nutzen der Gesellschaft gestalten. Potenziale und Herausforderungen für die Erforschung und Anwendung von KI

97. Wittpahl V (2019) Künstliche Intelligenz. Springer, Berlin

98. World Economic Forum (2021) These are the countries where AI is aiding productivity the most. https://www.weforum.org/agenda/2020/12/ai-productivity-automation-artificial-intelligence-countries/. Zugegriffen: 17. Apr. 2021

99. Zimmermann V (2021) Künstliche Intelligenz: hohe Wachstumschancen, aber geringe Verbreitung im Mittelstand, Bd 2021. KfW Research, Berlin

Printed in the United States
by Baker & Taylor Publisher Services